INFINI COMME LE CIEL

Sa Sainteté le Dalaï-Lama

INFINI
COMME LE CIEL

*Sur le bonheur, la compassion
et l'amour*

Présenté par Renuka Singh
Traduit de l'anglais par Pascal Loubet

Titre original : *Boundless as the sky*
on happiness, compassion and love

First published in Penguin Ananda by Penguin Books India 2013

© Éditions Michel Lafon, 2014
118, avenue Achille-Peretti – CS 70024
92521 Neuilly-sur-Seine Cedex
www.michel-lafon.com

LES AUTEURS

Tenzin Gyatso, Sa Sainteté le quatorzième Dalaï-Lama du Tibet, est le chef spirituel et temporel du peuple tibétain. Il est reconnu comme un avocat de la paix dans le monde et de l'harmonie entre les religions. Sa Sainteté a écrit plusieurs ouvrages et reçu de nombreuses récompenses internationales, dont le prix Nobel de la paix en 1989.

Renuka Singh enseigne la sociologie au centre d'études des systèmes sociaux de l'Université Jawaharlal Nehru. Elle est également directrice du centre de méditation Tushita Mahayana de New Delhi. Elle a compilé et annoté *La Voie de la sérénité*, *Le Petit Livre du bouddhisme*, *L'Esprit transformé*, *La Voie* du Bouddha, *Les Chemins de la félicité* et *Devenir Bouddha : sagesse pour une vie éveillée,* ouvrages qui ont été traduits en plusieurs langues. Elle est également l'auteur de *La Renaissance des femmes* et de *The Womb of Mind.*

*Renuka Singh souhaite une longue vie
à Sa Sainteté le Dalaï-Lama
jusqu'à la fin du Samsara.*

AVANT-PROPOS

Le bouddhisme a guidé les pas du développement – spirituel et quotidien – de Sa Sainteté le Dalaï-Lama et demeure un guide pour le devenir de l'humanité. Les thèmes abordés dans ce recueil ne traitent pas directement de l'objectif de l'illumination ou de la bouddhéité. Ils privilégient des concepts universels : la compassion ; la non-violence et la paix ; l'éthique laïque ; la santé de l'esprit et du corps de l'individu et de la société ; ainsi que la possibilité pour chaque être humain d'atteindre le bonheur à travers ses actions. Les individus du monde entier semblent prêts à recevoir la sagesse, émanant du bouddhisme, qui nous protège de nos souffrances.

Nous possédons tous en nous la capacité de nous débarrasser des constructions

9

intellectuelles et des émotions négatives afin de nous préserver des turbulences du monde matériel et des souffrances de l'existence. Cependant, cela ne signifie pas pour autant que nous ne pouvons ni ne devons essayer d'atteindre l'illumination, de nous libérer des souffrances samsariques ou, tout au moins, d'atteindre la sérénité d'esprit.

Ce recueil reflète également la soif spirituelle des individus aux quatre coins du monde, comme l'attestent les innombrables invitations que reçoit Sa Sainteté de nombreuses universités et organisations de tous les continents. Sa Sainteté aime à insister sur le fait que les êtres humains, qu'ils soient croyants ou athées, sont les acteurs de leur propre délivrance grâce à leur potentiel infini de compassion, leur humanité unique en son genre.

À tout moment de leur vie, les êtres humains peuvent s'élever jusqu'à l'état de libération comme plonger dans les abîmes d'une existence démoniaque. C'est l'individu qui, en dernier ressort, a le pouvoir de transformer son corps, sa parole et son esprit en toutes circonstances. La réconciliation, l'harmonie de la pensée et de l'action, élève l'individu et le rend véritablement humain.

Les interventions de Sa Sainteté le Dalaï-Lama non seulement mettent en lumière les agissements des hommes, mais montrent aussi comment, par leurs efforts et leur persévérance jour après jour, ceux-ci peuvent parvenir à adopter un comportement sain, en accord avec leur nature, et devenir des êtres éveillés et conscients, capables dès lors de préserver l'humanité. Il est grand temps que l'humanité s'émancipe de ses problématiques illusoires et apprenne à affronter la réalité en renforçant l'intégrité des individus qui la composent. En d'autres termes, c'est en plaçant l'humain, le respect et l'intégrité au cœur de nos vies que l'égalité pourra voir le jour. Si nous ne cultivons pas la compassion et la paix intérieure, la paix dans le monde ne suffirait pas à nous apporter l'équilibre intérieur.

Concluons avec l'histoire de l'Irlandais Richard Moore, qui œuvre étroitement avec Sa Sainteté à l'amélioration de l'existence d'autrui. Son travail auprès des enfants dans les zones de guerre et de conflit tout comme son parcours, remarquable à bien des égards, sont une véritable source d'inspiration. Devenu aveugle en 1972 après avoir été touché par le tir d'une balle en caoutchouc, Richard a eu la magnanimité d'inviter et d'accueillir chaleureusement le soldat responsable de son état à la conférence donnée par Sa Sainteté à l'Université de Limerick en 2011. Le message de compassion et d'indulgence de Sa Sainteté résonnait très profondément dans le refus de Richard d'éprouver une quelconque colère ou rancune envers Charles, son agresseur. Réunis par cet événement dramatique, Richard et lui ont depuis forgé une solide amitié avec Sa Sainteté.

Grâce aux thématiques abordées dans cet ouvrage, nombreux sont ceux qui pourront comprendre plus aisément Sa Sainteté et sa lumineuse sagesse, ainsi que son message de réconciliation des hommes.

Renuka SINGH
2013

« Je m'exprime toujours d'une manière informelle, car cela soutient mon mauvais anglais », déclare souvent Sa Sainteté au cours de ses conférences et interventions publiques. Afin de conserver son ton et son expression particulière, nous n'avons que très peu modifié ses discours.

INTRODUCTION

Éthique laïque, valeurs humaines et société

Je parle des valeurs humaines partout où je vais, car je crois que c'est le fondement de la paix mentale et d'une vie heureuse. Quelles que soient les circonstances, si l'individu est mentalement calme, les problèmes peuvent être facilement compris et résolus. Que l'on soit croyant ou non, il y a des activités très importantes dans la vie quotidienne, comme dormir, qui contribuent à améliorer la santé mentale. La paix de l'esprit est également essentielle à un mental sain ; un esprit calme et le bonheur entretiennent considérablement la santé aussi. Je suis tout à fait sûr que si je n'étais pas mentalement calme, je ne pourrais pas dormir dix heures d'affilée. *narow*

À l'âge de seize ans, j'avais perdu ma liberté, et à vingt-quatre ans, j'ai perdu mon

affilé → keen (langue)

15

pays. Durant les cinquante dernières années, j'ai reçu de temps en temps de bonnes nouvelles, mais la plupart du temps, elles étaient mauvaises. Malgré cela, je me suis efforcé de conserver un état mental très calme. Beaucoup de gens se plaignent excessivement des petits problèmes parce qu'ils manquent de force intérieure. J'ai toujours dit que pour être heureux, argent, célébrité, pouvoir et bonne santé sont importants, mais qu'il faut se reposer sur sa force intérieure. La colère n'est pas source de force intérieure, même si elle apporte temporairement un afflux d'énergie, d'audace, mais cela ne dure pas. C'est pourquoi je souligne toujours l'importance des valeurs intérieures. Mentalement, physiquement et émotionnellement, nous sommes tous le même être humain, et nous voulons tous mener une vie heureuse.

Je suis bouddhiste, mais je pense que l'harmonie entre les religions est très importante. Certaines communautés, comme les chrétiens et les musulmans, ont des conflits intérieurs pour de petites divergences. Les nombreux conflits interreligieux font partie intégrante de l'histoire de l'humanité. Pourtant, si toutes les religions sont différentes, elles expriment au cœur le même message : répandre et pratiquer la compassion, l'amour, l'indulgence et l'autodiscipline. Il est donc absolument inutile de créer des conflits entre religions ou traditions. D'un point de vue holistique, nous avons besoin de traditions différentes, car une diversité de dispositions d'esprit a besoin d'une diversité de traditions pour exister. C'est pourquoi je promeus aussi le concept d'harmonie entre les traditions.

Notre premier objectif est de créer un monde heureux, fondé sur une communauté heureuse, qui repose sur une famille heureuse et un individu heureux. S'il n'y a pas d'individus heureux, un monde heureux ne peut pas voir le jour. Bien sûr, je suis bouddhiste, et jeûner et prier fait partie de ma vie. Mais on ne peut pas parvenir à un monde heureux par la prière. Les prières apportent un bénéfice limité à l'individu, mais aucun au monde. Pour un monde heureux, un individu doit être sensible et répandre le bonheur au sein de la famille, de la communauté, puis au niveau national et global.

Un être humain heureux n'a pas à être croyant, mais il doit inclure la méditation dans son quotidien pour devenir un être humain sensible. La paix dans le monde ne peut être obtenue par le biais de la religion parce qu'il y a un grand nombre de non-croyants. Le principal objectif est de trouver une manière laïque d'atteindre la paix, sans toucher à la religion. En Occident, mes amis chrétiens et musulmans croient que la laïcité est l'irrespect de leur religion. Mais en Inde, la laïcité consiste à respecter toutes les religions sans accorder de préférence à aucune.

Selon moi, la valeur intérieure signifie quelque chose d'utile pour notre existence. Nous avons un corps et un esprit, mais nous avons besoin d'avoir un corps sain et un esprit sain. Avoir un esprit sain implique que l'on adopte une manière subjective d'envisager les choses. Le monde de l'esprit est fait de neurones mais, selon la psychologie indienne, il possède différents niveaux. Les émotions du niveau le plus subtil sont basées sur le niveau sensoriel de l'esprit ; alors que l'état de rêve est le niveau le plus profond de l'esprit, qui n'est pas fondé sur les sens mais dépend de cinq espèces d'objets mentaux.

Les rêves, qui sont l'autre niveau de conscience, sont fondés sur des expériences

ou des perceptions. En outre, la fonction cérébrale cherche un niveau subtil de conscience.
Certains, en Inde, croient qu'après la mort
la fonction cérébrale s'arrête mais que la
conscience reste intacte. Scientifiquement
parlant, il n'y a pas d'explication. Mais de nos
jours, des études sont menées sur le sujet. La
conscience de l'esprit dans certains domaines
est devenue le sujet de débats. L'esprit peut
avoir une expérience subjective qui n'a ni
couleur ni forme, mais que l'on peut seulement ressentir. Cette énergie qui accompagne
le processus mental dans la technologie de la
réalité fait partie du mantra, pas de l'esprit.

Afin de parvenir à une vie heureuse, nous
devons nous occuper à la fois du corps et de
l'esprit. Un individu peut être physiquement
en bonne santé mais ne pas être heureux. Si
vous prenez des tranquillisants ou de l'alcool
pour remédier au stress, vous serez comme
des animaux et ne pourrez pas utiliser votre
intelligence humaine. Le potentiel de notre
esprit doit être utilisé de façon à ce qu'il
n'ait pas été éduqué pour rien. Même si les
animaux ont des sens plus aiguisés que les
êtres humains, puisque leur survie en dépend,
notre puissance de réflexion est supérieure à

19

la leur. Il est sage d'utiliser cette qualité que nous sommes les seuls à avoir afin d'atteindre un esprit calme.

La principale disposition d'esprit nécessaire aux individus est la générosité. L'esprit est divisé en deux zones : d'une part le niveau cognitif, basé sur l'intelligence ; et d'autre part les émotions, qui sont liées aux motivations. Or l'éducation moderne semble accorder trop d'attention à l'intelligence et pas assez aux émotions. Tandis que la religion met l'accent sur le développement de l'autre zone, celle qui dépend des motivations. La tradition indienne a pour sa part une conception qui combine les deux zones de l'esprit. Le pape a aussi souligné que la foi et la raison devaient aller de pair.

L'intelligence à elle seule développe la clair-voyance, le désir et l'ambition, mais elle fait aussi naître la peur, le soupçon et la méfiance. Par conséquent, il faut trouver un équilibre entre les deux pôles de l'esprit grâce à la générosité, qui dissipe tout sentiment de méfiance. En tant qu'animaux sociaux, les êtres humains ont besoin d'avoir un cœur ouvert pour que l'individu, la famille et la communauté connaissent le bonheur. Au sein de la famille, la moindre marque de méfiance apporte la peur et la solitude. L'expérience émotionnelle, avec l'appui de l'intelligence, peut aider un individu à accéder au bonheur. Et seul un individu à l'esprit équilibré sera en mesure de surmonter facilement une situation tragique.

Les animaux ayant une intelligence limitée, ils ne peuvent pas développer de qualités morales. Les humains, eux, peuvent apprendre et inculquer des émotions comme la compassion et la générosité. Une forme de compassion est biologique, et elle est biaisée, mais l'autre forme de compassion, orientée vers les autres, peut être cultivée. Avec de l'entraînement, le sentiment recherché, la compassion, faite d'indulgence et d'une sincère sollicitude, peut, avec l'aide de l'intelligence, être accordé à tous.

– 1 –

L'ART DU BONHEUR

Lorsque je donne une conférence, j'ai toujours la conscience aiguë que nous sommes un même être humain – mentalement, émotionnellement, physiquement. Et que nous sommes tous animés par le même objectif : mener une vie heureuse. Je crois qu'aucun individu, quand il se lève le matin, n'a envie de passer une mauvaise journée. Aucun. Pourtant, savez-vous que, paradoxalement, nous sommes bien souvent à l'origine des ennuis et des problèmes que nous rencontrons ?

Il y a deux raisons à cela : notre manque de connaissance de la réalité, qui s'explique par l'absence de vision holistique, et notre tendance à l'égocentrisme. Nous ne pouvons nous contenter de dire qu'un problème survient pour telle ou telle raison. À nous de prendre conscience que son origine est en nous !

Comment le résoudre ? Ni grâce à la prière, ni grâce à l'argent ou au pouvoir, mais par la compréhension et la prise de conscience, pour ne pas dire la sagesse. Pour en revenir au bonheur : tout le monde, y compris le règne animal, aspire à la tranquillité, sans problèmes ni troubles d'aucune sorte. Avant d'aborder la source du bonheur, il est nécessaire de connaître les rouages de notre esprit. Sachez que, tout comme le plaisir et le bonheur, la tristesse et la souffrance se situent au niveau de notre esprit.

Le plus souvent, on a tendance à se représenter l'esprit comme une entité indépendante et absolue. Grâce à mes nombreuses rencontres avec des membres de la communauté scientifique, j'ai réalisé que la science ne sait pas encore clairement distinguer l'esprit sensoriel de son essence première : la conscience mentale. Or cette distinction est fondamentale.

Généralement, quand les gens cherchent à faire l'expérience du plaisir ou du bonheur, ils s'appuient principalement sur leurs sens. Regarder de belles choses – la vue ; écouter de la belle musique – l'ouïe. Il en est de même pour le goût, l'odorat, et même le toucher – et le sexe. Toutes ces sensations que nous procurent nos cinq sens constituent certes des expériences positives, mais elles demeurent très temporaires. Tant que la musique est là, vous êtes heureux ; puis elle cesse. De même, à la vue d'une belle chose, vous vous sentez heureux ; une fois qu'elle disparaît de votre champ de vision, c'est fini. Le bonheur éprouvé au niveau sensoriel est éphémère.

À l'inverse, si nous développons une certaine expérience positive au niveau mental, elle s'inscrira dans la durée. Certaines expériences vous procurent une sensation agréable, de paix et de quiétude. Même si vos sens peuvent être troublés, dérangés par un élément extérieur – une voix, un bruit, une difficulté, une blessure physique ou une maladie –, ces douleurs peuvent être atténuées grâce à plus de sérénité mentale. Du même coup, si vous éprouvez trop de peur, d'angoisse ou de stress, aucune expérience sensorielle n'aura le pouvoir de les faire disparaître ni même de les atténuer puisqu'ils siègent au niveau mental. Je crois qu'en y prêtant un peu d'attention, tout le monde pourra se rendre compte de la suprématie de la conscience mentale sur la sensation immédiate.

D'ailleurs, au niveau mental, le bonheur n'est pas nécessairement engendré par une

27

sensation de plaisir. Je pense que le bonheur, ici, réside principalement dans un sentiment de satisfaction, de plénitude. Même si la souffrance physique est une expérience douloureuse, elle peut apporter une profonde satisfaction au niveau mental. Voilà pourquoi, à mon sens, le véritable bonheur se situe dans notre esprit, notre conscience mentale. C'est d'ailleurs, à notre esprit que s'adressent la majorité des grands courants religieux, en s'efforçant de lui apporter calme, sérénité ou sensation de bonheur.

Il y a, je crois, dans la plupart des traditions religieuses – théistes, non théistes ou autres – un socle commun ; ce socle, c'est celui de la foi. La foi ne relève pas du sensoriel ; la foi est « la sixième conscience » pour les bouddhistes, pour les autres, c'est l'un des niveaux de la conscience mentale. Certes, l'expérience sensorielle est utile pour écouter de la musique, pour prier, se recueillir, contempler une image de Bouddha, d'un dieu, de Jésus-Christ ou de Shiva. Bien sûr, c'est utile, mais le véritable effet doit s'opérer au niveau mental. La foi ne se manifeste pas à un niveau sensoriel, mais dans la conscience mentale. Ensuite, la pratique de l'amour, la compassion et, avec eux, l'indulgence, la tolérance et le contentement – toutes ces choses appartiennent au sixième niveau mental, celui de la conscience mentale.

La tradition religieuse non théiste – comme une partie du Sankhya – est une tradition indienne ancestrale qui a, je crois, trois mille ans, peut-être même plus. À l'époque du Bouddha se sont développées deux nouvelles religions non théistes, le jaïnisme et le bouddhisme. Ces traditions religieuses non théistes ne comportent aucune notion de créateur, mais elles croient en la loi de la causalité – de la cause et de l'effet.

Dans ce pays, tout le monde est familier de la loi du karma. Karma signifie « action » – qu'il s'agisse d'une action physique, verbale ou mentale. Si vous appréhendez le monde avec un regard positif ou une motivation sincère comme la compassion ou l'indulgence, une émotion positive en résulte : le bon karma. Il est positif car sa motivation est bonne – le souci du bien-être d'autrui, qui est un bienfait et pour les autres et pour soi-même, est positif. Il n'y a pas de karma négatif ou positif absolu, c'est-à-dire qui soit définitif. De la même manière, la colère, la haine, le soupçon peuvent être tantôt positifs, tantôt négatifs.

Mais, a contrario, une motivation négative ne peut qu'instaurer un malaise chez soi et chez autrui : elle provoque un karma négatif.

Ce sont deux approches différentes, mais le but demeure le même : renforcer l'amour, la compassion, l'indulgence, etc. Une religion théiste recourt au concept de dieu, de créateur ; une religion non théiste utilise le concept de loi de causalité – si vous faites du bien à autrui, vous en tirerez un bienfait ; si vous faites du mal à quelqu'un, le résultat sera négatif et telles seront les conséquences. Il existe cependant une troisième voie hors des cadres religieux et de la foi. Les religions reposent toutes sur les mystères ou révélations. Or, sans nous y référer, sur la base de choses évidentes, nous pouvons montrer ou enseigner aux gens que la générosité, un cœur sensible ou compatissant sont la source véritable du bonheur.

Biologiquement, chez les animaux sociaux, dont l'homme fait partie, il existe une sorte de responsabilité envers le groupe. La réalité est que la survie de l'individu, son bonheur et son bien-être dépendent du reste du groupe. De cette réalité résulte une notion de communauté et d'unité au sein du groupe.

Nous appartenons à ce groupe. Dès lors, quoi qu'il arrive, un individu, aussi fort soit-il, ne peut survivre seul. C'est donc non seulement le bonheur de chacun, mais également sa survie qui reposent sur le reste de la communauté. C'est un fait avéré. Aussi doit-il y avoir une émotion qui réunisse les individus, et c'est l'affection mutuelle. La peur rejette, exclut. L'affection et la compassion quant à elles sont essentielles à notre survie.

Mais en cela les hommes ne sont pas les seuls concernés : les chiens, les chats, beaucoup d'oiseaux possèdent cette même faculté. Nous autres, êtres humains, sommes dotés de cette merveilleuse et infinie intelligence, de sorte que sur cette base, pour un intérêt à long terme et dans une perspective plus large, nous pouvons augmenter notre compassion biologique, ce germe inné qui ne demande qu'à grandir. À ce premier stade biologique, la compassion ou l'amour sont limités, biaisés par notre rapport distordu à la réalité, ils sont malheureusement souvent accompagnés de la haine et du soupçon. D'où la nécessité d'atteindre un niveau supérieur de compassion, objectif, détaché des contingences – l'amour par l'éducation, par le recours à l'intelligence, par la raison et la logique, ou dans une perspective plus large ou à plus long terme, qui ne saurait être biaisé.

Laissez-moi vous donner un exemple clair. Par facteur biologique de l'amour ou de la compassion, j'entends ce sentiment irrépressible et spontané que vous éprouvez d'emblée pour votre ami, votre parent, et qui grandit avec la connaissance que vous avez de lui ; le second degré de compassion vous permet d'aimer votre ennemi au lieu d'éprouver pour lui de la haine, de la colère, de la suspicion. Le niveau biologique est conditionné par l'attitude de l'autre, vous aimez votre ami parce qu'il se montre bienveillant avec vous. L'attitude de votre ennemi envers vous est mauvaise ? Vous y réagissez par la colère ou des sentiments négatifs.

À présent, faites intervenir votre intelligence sans vous préoccuper de savoir si l'individu est un ami, un ennemi ou un simple inconnu, mais voyez en lui le membre de la communauté à laquelle vous appartenez. Souvenez-vous que votre survie dépend de la communauté, même si ses membres ne sont pas tous nécessairement vos amis. Gardez toujours à l'esprit que, dans le monde d'aujourd'hui, même si deux personnes ont une attitude négative l'une envers l'autre, elles ont, pour leur survie, besoin l'une de l'autre. L'organisme même de l'individu, quand il est entouré de personnes affectueuses, est plus sain et plus fort. Une équipe de médecins et de chercheurs a procédé à une expérience dans ce sens avec deux cochons d'Inde souffrant de la même blessure. Ils ont mis l'un d'eux avec un cochon d'Inde en bonne santé qui le léchait régulièrement. Tandis que l'autre a été privé de compagnon et n'a donc pu être léché. Les chercheurs ont constaté que le cobaye qui était léché guérissait beaucoup plus rapidement. C'est ce qui se produit quand on bénéficie d'affection.

Dans le monde actuel, je vois souvent l'expression de toutes sortes d'émotions séculaires – « nous et eux », et entre les deux, une solide muraille. Nous ne nous préoccupons pas des autres, il arrive même que nous leur souhaitions du mal. C'est une façon de penser dépassée, qui n'a plus lieu d'être. Dans les temps anciens, chaque communauté, chaque nation était plus ou moins indépendante. Aujourd'hui, à l'heure de la mondialisation, de la globalisation et des nouveaux moyens de communication, tout dépend des autres. Selon cette réalité, le solide concept de « nous et eux » est obsolète. Nous devons prendre en considération le reste de l'humanité : le reste du monde fait partie de « nous », parce que nos intérêts en dépendent.

En conséquence, grâce à ce type de raisonnement, nous pouvons développer une sollicitude sincère, une bienveillance génératrice de bien-être, non pas déterminée par l'attitude d'autrui, mais parce qu'autrui est comme nous, il est membre de la même communauté que nous. Quelle que soit l'attitude d'un individu envers nous, nous pouvons développer amour et compassion pour lui grâce à un déplacement au niveau de la conscience. Cela, les animaux n'en sont pas capables. Nous, oui. Nous avons acquis le potentiel nécessaire pour atteindre ce niveau de compassion détachée, absolue et non biaisée : la compassion sincère.

Il importe de faire ici une distinction. Si les agissements de votre prétendu ennemi vous posent des problèmes, vous pouvez être tenté d'adopter les mesures appropriées pour le contrer. Mais en tant qu'être humain, vous pouvez toujours éprouver de la compassion et de la sollicitude pour lui. Sachez que si vous le laissez poursuivre ses malveillances, il finira tôt ou tard par en souffrir. Donc, par sollicitude, pour son bien-être à long terme, prenez les mesures nécessaires pour vous soustraire à ses malveillances. Ce genre de réaction a l'apparence d'une contre-mesure, mais c'est en réalité une sorte de geste de bienfaisance, d'apaisement. C'est ainsi que vous entraînerez votre esprit – non par le seul biais de la méditation, mais en utilisant votre intelligence, votre esprit d'analyse.

Si vous voulez toujours faire du mal à autrui, analysez la situation sans colère et sereinement, afin de découvrir le point faible de l'autre, puis frappez. Si vous êtes vous-même en colère et que cela vous rend fou, vous ne pourrez pas trouver ce point faible et vous vous contenterez de frapper. Et c'est parfois votre propre main qui souffrira le plus.

Par exemple, si nous autres Tibétains sommes en colère contre ceux qui nous font du mal là-bas, évidemment, *eux* considèrent que nous

leur causons des problèmes. Alors nous considérons également qu'ils nous causent des
problèmes. Quoi qu'il en soit, vous voyez
bien que des sentiments négatifs ne peuvent
pas à eux seuls leur faire du mal. C'est donc
vain. Au lieu de cela, ayez de la patience, de la
compassion. En 2008, après la crise du 10 mars
au Tibet, j'ai plus ou moins éprouvé les mêmes
sentiments qu'en 1959 : impuissance, angoisse
excessive, peur. Mais durant la crise de 2008,
j'ai délibérément continué la pratique dite « de
donner et prendre ». J'ai visualisé certains de
ces officiels chinois tenants d'une ligne dure,
ai pris leur colère, leur peur, et je leur ai donné
l'esprit d'indulgence et de compassion que
je prône. Cela m'a énormément aidé – pas à
résoudre le problème, mais à conserver sérénité d'esprit et compassion.

Quand vous aurez développé votre potentiel
mental, rendez-le chaque jour plus réaliste,
rationnel, et plus ouvert, et vous pourrez
entrevoir, sinon connaître, le bonheur.

Le bonheur tient beaucoup à la sérénité.
Plus de stress, d'angoisse ni de peur. Vous
pouvez voir des choses négatives, mais à un

niveau plus profond, vous pouvez garder votre sérénité d'esprit, que vous soyez croyant ou non. De nos jours, les découvertes scientifiques ne font que confirmer le vieil adage romain « Un esprit sain dans un corps sain » : il existe effectivement une étroite corrélation entre les deux. Un esprit agité, inquiet pendant trop longtemps est vraiment très nocif pour la santé physique. Un esprit calme est un esprit en bonne santé ; quelles que soient les circonstances, si vous pouvez rester serein, votre santé physique en récoltera d'immenses bénéfices.

Certains scientifiques m'ont même confirmé, lors de nos échanges, que « la peur, la colère et la haine rongent littéralement le système immunitaire ». En revanche, un esprit serein subit moins de stress, et cela aura un effet très bénéfique sur le système immunitaire. Une fois, à New York, un grand médecin est allé plus loin et m'a déclaré que d'après ses découvertes, les gens qui s'expriment le plus souvent sur le mode du « moi, je, mon, mien » courent un plus grand risque d'être victimes d'un accident cardiaque. La raison, bien sûr, est que pour ce type de personnes narcissiques et égocentriques même les plus petits problèmes sont insurmontables. Cela me semble très logique.

Une fois que vous parvenez à avoir un cœur plus ouvert, à faire preuve d'une plus grande sollicitude envers autrui, j'affirme que les portes intérieures s'ouvrent également. Cela vous permet tout d'abord de communiquer plus facilement avec les autres. Cela vous amène alors à vous faire davantage d'amis ; votre sentiment de solitude diminue et votre attitude compatissante s'accroît, ce qui contribue à réduire considérablement l'angoisse et le stress. C'est donc très bénéfique pour la santé, sans compter que si un individu est heureux, c'est une famille et donc toute une communauté qui est heureuse... Après tout, comme je l'ai dit plus tôt, l'homme est un animal social, ces attitudes mentales cadrent bien avec sa réalité et sa nature profonde !

De nos jours, on insiste également beaucoup sur l'importance de l'enseignement. C'est très juste. Beaucoup de problèmes sont dus au manque de connaissances, à l'ignorance. C'est grâce à l'enseignement que nous sommes en mesure de considérer le monde d'une manière plus large, plus exhaustive, pour en avoir une vision holistique. L'objectif même de l'enseignement est de réduire l'écart entre l'apparence et la réalité. L'enseignement se devrait donc d'être plus holistique – c'est, je crois, essentiel.

J'ai aujourd'hui soixante-dix-huit ans. À seize ans, j'ai perdu ma liberté ; à vingt-quatre, je suis devenu un réfugié – sans pays ni foyer. D'une certaine manière, j'ai perdu un petit foyer – le Tibet – mais j'en ai trouvé un grand – l'Inde. Si ma vie a traversé des turbulences, mon esprit est, pour sa part, tout à fait serein. J'espère que cette paix n'est pas le fait d'un esprit émoussé ! Fort heureusement, je crois que mon esprit est encore très vif. Lorsque j'échange avec des scientifiques très connus, quand ils parlent de leur domaine de compétences, en regard de leurs connaissances, les miennes avoisinent le zéro. Mais nous autres bouddhistes sommes formés à la tradition Nalanda : chaque point, nous l'analysons logiquement, ce qui me permet d'échanger avec ces grands spécialistes. Cette technique aide considérablement à aiguiser l'esprit. Mieux vaut donc que le mien ne soit pas émoussé.

La conséquence directe de ma sérénité d'esprit est que ma santé est excellente. Je crois que c'est mon état mental qui fait toute la différence, je le sens. Certains médecins, après m'avoir examiné, disent souvent que je n'ai pas l'organisme d'un individu de plus de soixante-dix ans, mais d'un sexagénaire.

Certains en ont conclu que j'étais une réincarnation d'Avalokiteshvara. J'ignore si je suis véritablement un être supérieur réincarné ou non, mais ce que je sais, c'est que je connais mon esprit, je peux lire en lui. En revanche, je crois que tout être humain qui utilise convenablement son intelligence peut être à la fois mentalement heureux et en bonne santé physique. Ce potentiel est en chacun de nous. La différence, c'est l'attention que l'on y porte, la conscience que l'on en a.

Il y a parmi les antiques richesses philosophiques indiennes une connaissance détaillée des émotions humaines, de l'esprit humain. Qu'il s'agisse du bouddhisme, du jaïnisme ou de l'hindouisme, toutes ces traditions ont des pratiques communes – la pratique du Samatha et celle du Vipassana constituent toutes deux une sorte d'entraînement mental. Naturellement, je crois que nous avons besoin d'études encore plus approfondies pour en découvrir plus sur l'esprit – et dresser une sorte de carte des émotions, de carte de l'esprit. Le monde de l'esprit est si vaste qu'il est très important d'apprendre à le connaître – distinguer les différents aspects de l'esprit, savoir comment ils se développent, comment ils fonctionnent. C'est important. De la même manière que pour traiter les maladies physiologiques il faut étudier l'organisme et son fonctionnement. Voilà notamment pourquoi j'aime tant discuter avec des neurologues et des spécialistes du cerveau et de l'esprit. Nous devons prêter plus d'attention à notre monde intérieur, et cela implique de mieux appréhender le monde de la psychologie, des émotions et des pensées.

Nous devons connaître l'architecture de l'esprit dans son intégralité – le monde mental en tant que sujet d'étude, pas en tant que sujet religieux. Quand cette connaissance est appliquée à des concepts comme la vie après la mort, le paradis ou même l'enfer, elle est liée à la religion. Mais le simple bien-être de ce monde, de la vie présente, n'a rien à voir avec la religion. Nous pouvons distinguer le type d'informations utilisé dans un but religieux de celui qui est utilisé dans une optique laïque.

En tant que croyant, inutile de se rendre au culte, de réciter des prières si l'on ne mesure pas le sens de ce que l'on fait ou répète ; cela n'a aucun intérêt. Dans ce cas, les croyants n'établissent aucun lien avec leur quotidien. Alors chaque fois que l'occasion se présente survient la corruption. Ainsi, j'affirme que la foi religieuse et l'injustice de l'action, comme la corruption, ne peuvent aller ensemble. Il n'y a pas de troisième voie : seulement deux – une vie sincère où règne la justice, croyante, religieuse, honnête et affectueuse ; ou une vie corrompue, refusant le divin, le karma, recherchant uniquement l'argent et le pouvoir. C'est vraiment une immense contradiction de prier Shiva ou Ganesha et de céder aux sirènes de la corruption. Une énorme contradiction.

Que vous soyez croyant ou non, si toute la société est plus propre et transparente, tout le monde s'en trouve plus heureux. La nation peut être édifiée plus rapidement. Quand un pays est gangrené par la corruption, l'injustice de ce phénomène est que ce sont les millions de pauvres qui en souffrent le plus. L'Inde, que je connais très bien, est encore la nation démocratique la plus peuplée. Au cours des soixante dernières années, elle a, je crois, vécu dans la stabilité grâce à l'avènement de la démocratie, à l'établissement et au respect de la loi. La préoccupation des Indiens devrait être la suivante : comment construire une Inde saine. Chaque Indien a la responsabilité morale d'y participer. L'Inde, alors, par sa taille et son histoire ancestrale, pourra vraiment avoir un impact significatif sur la marche du monde.

– 2 –

LES DIFFÉRENTS DEGRÉS DE BONHEUR

Le temps ne s'arrête jamais : il est constamment en mouvement, et aucune force ne peut l'arrêter. Mais ce que nous pouvons faire, c'est l'utiliser convenablement. Quel sens donner au mot « convenablement » ? Je pense que même les fleurs ont une certaine légitimité à pousser, s'épanouir et produire finalement une graine pour assurer une autre génération. Au-dessus de cet élément physique, nous, êtres vivants, êtres sentants, possédons cette chose mystérieuse que nous appelons « esprit » ou « conscience », ainsi que des émotions. Bien que les niveaux les plus grossiers de conscience et d'émotion reposent en grande partie sur les neurones, la nature véritable de la conscience reste quelque chose de mystérieux pour la plupart des gens.

Quand j'utilise le mot « bonheur », je parle du bonheur dans le sens de satisfaction sincère et profonde. On peut également éprouver de la satisfaction en surmontant des épreuves physiques ou des difficultés. Je pense que, dans une certaine mesure, les animaux peuvent aussi éprouver ce genre de satisfaction. La différence entre nous, êtres humains, et les autres animaux, c'est notre intelligence unique en son genre, qui nous permet de connaître différents niveaux de satisfaction. Pour les animaux, je pense que la satisfaction est immédiate. Elle résulte de leurs expériences physiques ou sensorielles. Nous autres êtres humains, nous partageons ce niveau de satisfaction avec les autres animaux, mais notre intelligence, notre esprit infiniment plus raffiné, nous fait accéder à un niveau de satisfaction bien plus fort, celui de la satisfaction mentale.

Des individus tels que les sportifs connaissent parfois de grandes épreuves sur le plan physique. Mais pas seulement. Quand ils atteignent l'objectif qu'ils s'étaient fixé, ils éprouvent une exceptionnelle satisfaction au niveau mental. L'épreuve physique par la conscience que nous en avons peut alors nous apporter une satisfaction mentale détachée de la matérialité du corps. Je crois que même nous, nous en faisons l'expérience. Prenons l'exemple de deux malades souffrant de la même pathologie et réunis dans une même chambre d'hôpital. Le patient dont la capacité mentale d'élévation et de détachement est moindre éprouvera plus de souffrance et de frustration. Bien que le niveau de douleur physique soit similaire, le niveau mental et une attitude différente vis-à-vis de la maladie et de la douleur font la différence.

Bien sûr, parfois, nous disons : « Aujourd'hui, mon corps est un peu mal à l'aise, un peu souffrant, mais mon esprit est très heureux. » Et le contraire peut aussi se produire : nous pouvons être en pleine forme physique et nous sentir tristes ou malheureux. Le niveau mental l'emporte sur le physique et le sensoriel. Dans ces conditions, la maladie ou le malaise physique peuvent être vaincus par le bonheur mental. La satisfaction mentale peut diminuer la douleur physique. À l'opposé, si un individu est mentalement malheureux, en proie à trop de soucis, de stress, le confort physique ou sensoriel ne peut pas diminuer son anxiété mentale. Le niveau mental est plus important.

Cela dit, concernant les différents niveaux
de bonheur ou de satisfaction, à un niveau
très basique, je peux dire que je suis heureux :
j'ai très bien dormi la nuit dernière, j'ai bien
mangé au petit déjeuner et au déjeuner, je suis
très heureux, très satisfait. Ce genre de bonheur, ou de satisfaction, c'est celui que nous
avons en commun avec les animaux. Quand
les animaux sont repus et ne courent pas de
danger immédiat, ils sont très paisibles, un
peu comme s'ils méditaient. Quand un lapin
reste assis sans bouger, je crois qu'il médite.
C'est la même chose pour le pigeon repu qui
ne court pas de danger immédiat. En réalité,
bien sûr, la méditation est beaucoup plus
sophistiquée que cela, elle est analytique. Se
contenter de fermer les yeux et de ne pas bouger, ce n'est pas de la méditation.

Il y a un autre niveau de bonheur qui n'est
pas lié au niveau physique. Par exemple, dans
mon cas personnel, je suis heureux si, au cours
du mois précédent ou de l'année précédente,
j'ai fait quelque chose d'utile, comme participer à des réunions ou faire mes propres études
ou pratiques, ce qui me procure une certaine

satisfaction ; cela est également valable si j'ai mis en pratique le véritable sens de la vie en rendant un petit service à autrui. Si je suis capable d'apporter un bonheur ou une satisfaction temporaire à d'autres, y compris des animaux, je me sens heureux, je donne un sens à ma vie.

Il y a quelque temps, alors que je me rendais de l'aéroport à mon hôtel et que je m'étais arrêté à un feu rouge, j'ai remarqué une fillette très pauvre dans la rue. Elle mendiait, avec un verre, auprès des gens qui passaient en voiture. Heureusement, ma voiture s'est aussi arrêtée à cet endroit. Comme j'ai déjà vécu ce genre de situation, j'ai généralement de l'argent dans mon sac, mais cette fois-là, je n'avais rien d'autre que quelques bonbons. J'ai donc emprunté un peu d'argent à l'un des officiels qui se trouvaient dans la voiture avec moi et l'ai donné à la fillette. Une heure plus tôt, un ami m'avait offert du chocolat au lait, et je le lui ai donc donné aussi. À ce moment, je me suis simplement senti heureux. Sa mère est alors arrivée en portant dans ses bras un autre enfant plus petit, et cette fillette lui a fait un grand sourire. Quand j'ai vu l'attitude joyeuse de la fillette envers sa mère, j'ai vraiment éprouvé une profonde satisfaction. C'est l'exemple même que de petites choses peuvent apporter une certaine joie, au moins l'espace d'un moment.

Quand je réfléchis à ces choses, je vois qu'il y a un autre niveau de bonheur ou de satisfaction qui n'a rien à voir avec le physique. Bien sûr, mon expérience spirituelle est très, très limitée – elle se situe peut-être tout juste au-dessus de zéro. Quand je réfléchis à ces choses, donc, je vois que l'on peut ressentir une profonde satisfaction à un niveau purement mental sans avoir besoin de s'appuyer sur les sens – en voyant, en entendant, goûtant ou touchant quelque chose. Cette satisfaction me donne envie de mener plus loin ce genre de pratiques et j'éprouve aussi le désir de les partager avec d'autres gens, ceux qui souffrent de problèmes mentaux par exemple.

Nous vivons au quotidien des expériences relevant de différents niveaux de bonheur. Je pense que les non-croyants vivent eux aussi le même genre d'expérience quand ils aident ou servent autrui, ou au moins quand ils ne leur font pas de mal. Aider autrui vous procure une sensation de bonheur et, avec ce genre de comportement, vous vous faites plus d'amis. Partout où vous allez, vous voyez plus de sourires et d'attitudes amicales. Si vous êtes extrêmement égocentrique et étroit d'esprit, vous restez soupçonneux vis-à-vis des autres, et à cause de votre égocentrisme, vous restez à l'écart. Avec de tels sentiments, il vous est impossible d'être heureux quand vous voyez plus de gens : vous vous sentez mal à l'aise. En fait, cela va à l'encontre de la nature humaine de base. Nous sommes des animaux sociaux. Je me permets d'insister sur ce point, j'y reviendrai souvent.

Pour tout individu, mener une existence heureuse dépend d'autrui : c'est le fondement d'une vie heureuse et réussie. Si vous êtes méfiant et distant, vous vous isolez mentalement ; ensuite, vous éprouvez un sentiment de solitude, de peur et d'insécurité. Alors, que vous soyez croyant ou non, soyez honnête et chaleureux : vous serez alors bien plus heureux. C'est très important. Nous ne parlons pas ici de la vie après la mort, de Dieu ou de Bouddha. Nous cherchons simplement la meilleure manière de parvenir à une vie heureuse, et ces attitudes intérieures, ces qualités intérieures, sont les facteurs clés pour être un individu heureux.

Comme nous sommes des animaux sociaux, nous faisons partie de la société et, afin de vivre heureux dans cette société, il est essentiel que nous ayons un esprit de communauté, que nous partagions les problèmes et d'autres choses et que nous coopérions totalement les uns avec les autres. La communauté sera alors beaucoup plus heureuse. Afin de parvenir à une véritable coopération, l'amitié est un facteur clé, et la confiance est la base de l'amitié, pas l'argent ni le pouvoir, pas même l'éducation ou l'intelligence. S'il y a une véritable confiance, l'amitié apparaît. Si vous faites preuve de confiance, de générosité et d'un souci sincère du bien-être d'autrui, en vous occupant des autres autant que de vous-même, il n'y a plus de place pour la tromperie, la colère ou la jalousie.

Si quelqu'un réussit, vous devez vous réjouir pour lui plutôt que vous inquiéter qu'il réussisse davantage que vous. Il ne doit pas y avoir de place pour la jalousie ou des sentiments négatifs de compétition. Les sentiments positifs de compétition sont bons, mais pas les sentiments négatifs. Du moment que vous respectez les droits des autres, du moment que vous vous préoccupez sincèrement de leur bien-être, il n'y a pas de place pour le meurtre, le vol, le mensonge, le viol ou la maltraitance. Toute votre conduite, toutes vos actions physiques, verbales et mentales peuvent être transparentes.

Une ouverture et une générosité sincères sont le fondement de l'assurance, de la force intérieure. Avec elles, vous pouvez agir de manière transparente avec les autres, car vous n'avez rien à cacher.

C'est le fondement du développement de la confiance. La confiance amène l'amitié, et l'amitié fait naître une communauté heureuse, ou du moins une famille heureuse. Accepter la foi religieuse ou pas, c'est à l'individu de décider ; c'est l'individu que cela regarde, c'est une démarche personnelle. Mais ce que j'appelle « l'éthique laïque » est nécessaire parce que nous voulons une vie heureuse. Il n'est pas ici question de la vie après la mort ou d'autres problématiques propres aux religions. En tant qu'hommes (croyants ou athées) nous souhaitons simplement une vie heureuse.

Du point de vue des croyants, je pense que toutes les grandes traditions religieuses ont deux dimensions : d'un côté la pratique quotidienne et de l'autre la philosophie ou la théorie. Pour ce qui est de la pratique, toutes les traditions religieuses sont pareilles. Toutes les traditions nous enseignent l'amour et la compassion, et avec eux, l'esprit d'indulgence et de tolérance, ainsi que l'autodiscipline.

C'est pour renforcer ces pratiques que sont apparues différentes philosophies et visions. On distingue deux groupes religieux : théiste et non théiste. Le groupe religieux théiste croit en un créateur tout-puissant, que ce soit Dieu, Allah ou Brahma, et qu'au final, tout dépend de ce créateur. Toute existence, et en particulier les êtres humains, a été créée par le même dieu, en cela nous devons respecter l'existence de nos prochains. J'ai beaucoup d'amis parmi les chrétiens, les musulmans, les hindouistes et les juifs – des pratiquants sincères. Tous nous partageons la même pratique, travaillons le même potentiel pour transformer un être humain et rendre plus positif un esprit négatif.

Un jour, à Jérusalem, j'ai bavardé avec des juifs et des musulmans palestiniens. Un instituteur juif a raconté à notre groupe quelque chose qu'il enseignait aux élèves palestiniens de sa classe. Quand ceux-ci voient l'armée ou la police israélienne aux barrages routiers, ils sont généralement malheureux. Il leur a donc suggéré, lorsqu'ils se trouvaient en face de quelqu'un qui les irritait, de se rappeler que cette personne était à l'image de Dieu. C'est ce qu'il leur enseignait. Plus tard, certains des élèves palestiniens lui ont révélé combien suivre ce conseil leur avait fait du bien et les aidait. Au niveau mental, leur sentiment d'inconfort diminuait immédiatement. De cette manière, si vous avez une foi immense en Dieu, quand vous êtes face à des gens qui vous causent généralement une irritation désagréable, vous pouvez penser : « Cette personne est à l'image de Dieu. Elle a elle aussi été créée par Dieu. » C'est une tactique très puissante. Cela me rappelle cette sage parole d'un ami musulman : « Quand on est un authentique pratiquant de l'islam, il faut accorder son amour à toute création. Puisque vous respectez et aimez Allah, vous devez accorder votre amour à toute sa création, et donc à toutes ses créatures. »

Un autre jour, en Amérique ou au Canada, je me suis trouvé avec un chrétien, et après que nous avons discuté et échangé sur nos valeurs spirituelles, il a chanté une sorte de louange à Dieu en s'accompagnant à la guitare. Habité par son immense foi en Dieu, des larmes coulaient sur ses joues. Cette soumission totale à Dieu permet également de faire diminuer un moi égocentrique.

Dans l'approche bouddhiste, il existe deux types de désintéressement – l'un est le désintéressement vis-à-vis de la vie conventionnelle et l'autre, le niveau suprême de désintéressement ; tous deux visant à faire diminuer un moi extrêmement égocentrique. Foi extrême en Dieu et soumission totale à Dieu agissent plus ou moins de la même manière. Plus encore, Dieu étant amour infini, les croyants se doivent de suivre son exemple. Ces pratiques spirituelles relèvent du niveau mental, pas du niveau sensoriel.

Le niveau sensoriel peut venir compléter le niveau mental en l'enrichissant – écouter de la musique religieuse ou contempler une image pieuse, par exemple, peut nourrir votre foi. Moi, quand je regarde des statues ou des représentations de Marie portant l'Enfant Jésus, j'y perçois des images très fortes d'amour ou de compassion. C'est très beau. Mais Jésus-Christ sur la croix peut me remplir de tristesse. La Vierge à l'Enfant évoque pour moi la compassion, l'amour, la gentillesse. Il m'est arrivé de me rendre en pèlerinage dans un lieu saint chrétien, Fatima, au Portugal, où se trouve une petite statue de Marie. Nous étions quelques-uns là-bas, avec, bien entendu, des frères et sœurs chrétiens. Nous sommes restés assis ensemble pendant un moment dans une méditation silencieuse. Alors que nous nous levions pour partir, je me suis retourné vers la statue. Cette petite statue de Marie me souriait réellement. J'ai cru que mon esprit me jouait des tours, mais plus tard, quand j'ai repensé à cet événement, j'ai estimé qu'il s'était réellement passé. Notamment parce que j'ai vécu une expérience similaire dans un monastère tibétain du sud de l'Inde.

J'ai vraiment beaucoup d'admiration pour Marie, et je crois donc que la Vierge a reconnu cela ou m'a accordé une sorte de bénédiction. Parfois, pour plaisanter, je dis que Marie ne fait pas la distinction entre les bouddhistes et les non-bouddhistes, et ce bien que le concept de créateur n'existe pas dans le bouddhisme. À strictement parler, d'un point de vue religieux théiste, les bouddhistes sont donc des non-croyants !

Quoi qu'il en soit, s'il y a croyance, certaines théories avancées par toutes les différentes grandes traditions sont très bonnes parce qu'elles apportent la paix intérieure, celle de l'esprit. Du côté des traditions religieuses non théistes, on trouve le bouddhisme, le jaïnisme et le Sankhya, une école de pensée indienne non bouddhiste très sophistiquée, à la philosophie très riche, très raffinée. La tradition sankhya se divise en deux groupes : l'un qui accepte un créateur et l'autre non.

Les traditions non théistes ne croient pas à un créateur, mais à la loi de la causalité – selon laquelle les choses se produisent pour certaines raisons, dans certaines conditions. Ce n'est pas parce qu'il n'y a pas de dieu créateur que les choses arrivent gratuitement, c'est ce qu'on appelle « la loi de la causalité ». Selon elle, comme je l'ai déjà mentionné, toute action positive nous apporte non seulement une satisfaction ou un bénéfice temporaire, mais aussi une satisfaction ou un bénéfice partagé à long terme, que l'on obtient en servant les autres. Apporter un bienfait à d'autres est la meilleure manière de se procurer à soi-même une satisfaction à long terme, parce que c'est une action positive

– un karma positif. Le karma positif aboutit à un résultat positif.

Parmi les exemples de karma négatif, on peut citer le meurtre, le vol, les délits sexuels (principalement le viol), le mensonge, la mise en péril de la personne ou des biens d'autrui, les discours semant la discorde parmi les amis ou les peuples destinés à se rassembler. Nous disons généralement qu'il y a dix karmas négatifs, auxquels s'opposent les karmas positifs, comme se retenir de faire du mal à autrui, de tuer, de voler, etc. Les adeptes de cette théorie rejettent parfois facilement la faute : « Oh, c'est à cause du karma ! On ne peut rien y faire ! » Je crois qu'ils font erreur. Nous créons notre karma, donc lorsque nous nous apprêtons à subir les conséquences d'un karma négatif, en fournissant un effort d'élévation, nous pouvons créer un karma positif plus fort capable de neutraliser le karma négatif. Par la simple force du karma positif, le potentiel du karma négatif à avoir des conséquences négatives peut être réduit à néant.

Quand vous réfléchissez à vos actions justes – les actions qui apportent au moins une certaine satisfaction, un certain bonheur ou un réconfort à autrui, animaux compris –, vous en tirez une immense satisfaction. Cela se produit au niveau mental, et cela se produit en suivant la loi du karma. Donc le karma peut changer, parce que c'est vous qui êtes à l'origine de ce changement. Tout dépend de la force de votre volonté – « Je dois faire ceci, quels que soient les obstacles. » Même si, il y a quelques années, vous estimiez qu'il vous était impossible de faire certaines choses, à mesure que le temps passe et que vous vous familiarisez avec ces choses, votre esprit s'en rapproche de plus en plus. Au bout de quelques décennies, vous en faites enfin l'expérience.

C'est valable pour moi. Ce qui me semblait difficile à mettre en pratique réellement il y a quelques décennies m'est devenu aujourd'hui, après trente ou quarante ans, beaucoup plus facile. C'est le même sujet, le même individu, le même esprit, qui par la pratique de l'effort se rapproche de plus en plus de son objectif. C'est un peu comme pour les astronautes. Ils ne peuvent pas tout gérer en même temps, mais grâce à l'entraînement et en se familiarisant avec leurs tâches, ils finissent par s'exécuter sans avoir besoin de réfléchir. Appuyer sur le premier interrupteur, le deuxième, puis le troisième, cela se fait, par la répétition, automatiquement.

Comme je l'ai dit plus tôt, la peur négative, la colère permanente ou un attachement excessif sont difficiles à contrer. Il doit donc y avoir une sorte d'état neutre. Je pense que le plus facile est de simplement oublier l'objet de nos sentiments négatifs, l'oublier et se concentrer sur la respiration, inspirer, expirer, méditer simplement sur la respiration. Vingt, trente, quarante, cent fois. Après quoi, vous aurez peut-être l'esprit plus calme. Il vous sera alors probablement plus facile de contrer ces émotions. Mais au début, ne pensez pas aux deux aspects, méditez seulement sur la respiration. Ensuite, votre esprit sera plus calme et vous pourrez penser aux aspects positifs. Essayez. C'est une des méthodes.

Ensuite, fondamentalement, tout comme notre système immunitaire, notre attitude globale est importante. Si votre attitude est globalement plus compatissante et que certains troubles surviennent, ceux-ci n'ont pas beaucoup d'effet. Alors que si votre attitude est mauvaise, il ne vous est pas facile d'affronter ces troubles. Pour développer une attitude positive, nous avons d'abord besoin de connaissance. Ensuite, d'effort constant. Et troisièmement, de temps. Un effort constant avec une connaissance plus approfondie. Des semaines ou des mois n'apporteront pas forcément de résultats positifs. Il faudra peut-être des années. Ensuite, votre attitude mentale globale peut se transformer. Il faut donc de la patience. Parmi nos pratiquants, certains veulent changer rapidement. C'est une attente irréaliste. Prenez le temps. Façonner son esprit prend du temps.

Les textes bouddhiques distinguent l'entraînement physique, limité, de l'entraînement spirituel, illimité. Grâce à l'entraînement, vous pouvez sauter une longueur ou une hauteur remarquable, mais vous atteindrez toujours une limite. Mais comme l'esprit n'a pas de forme définie, si vous le familiarisez avec certaines choses, son pouvoir est infini. Il peut être agrandi, puisque sa base n'est pas solide. Dans l'entraînement physique, l'enveloppe corporelle vous limite. Mais s'agissant d'une qualité mentale, une fois qu'on l'a développée à un certain niveau, tant qu'on se rappelle le développement, le sentiment vient automatiquement. Au fil du temps, vous n'aurez même plus l'impression de fournir un effort.

Alors que les sportifs doivent continuellement s'entraîner et qu'après une interruption de quelques mois, ils doivent redoubler d'effort pour retrouver le même niveau, ce n'est pas le cas pour votre esprit.

Notre esprit n'a pas de limites formelles, et si par certains aspects, il est très difficile à maîtriser, il est en réalité très facile à contrôler et à transformer dès lors qu'on s'y applique. Le contrôle ou la transformation au niveau mental se font entièrement par le biais d'une volonté délibérée, de l'enthousiasme. Aucune force extérieure ne peut en réalité changer notre esprit : il ne peut être modifié que volontairement. Donc, afin de développer ce genre d'enthousiasme volontaire, vous devez voir l'intérêt de certaines manières positives de penser, d'appréhender des situations par le prisme de l'affection, la bonté, le respect pour autrui, le plaisir des activités positives, ainsi que la nocivité de la colère, de la jalousie et d'autres états d'esprit négatifs. C'est ce qui amène la conviction : « Je veux diminuer ces émotions négatives et augmenter les positives. » Ensuite, vous faites un effort volontaire pour cela.

Une fois que vous voyez la nécessité de ce genre de transformation, vous développez la volonté de poursuivre cet effort jour et nuit, y compris dans vos rêves. Cet esprit sans forme va alors changer progressivement. Les sources d'anxiété et les difficultés mentales vont finir par diminuer, et votre tranquillité d'esprit va augmenter, quoi qu'il arrive autour de vous. Aucune force extérieure ne pourra jamais détruire votre paix intérieure. Notre paix intérieure est immédiatement anéantie par nos ennemis intérieurs : colère, haine, jalousie. Ce sont eux les véritables ennemis. Un ennemi extérieur, si puissant soit-il, peut seulement détruire votre corps physique, pas votre sérénité. C'est l'ennemi intérieur qui détruit la paix intérieure. Une fois que la colère, la haine ou la jalousie se développent, elles détruisent immédiatement notre paix intérieure. Donc l'ennemi n'est pas à l'extérieur : l'ennemi est en nous, à l'intérieur.

L'un de mes amis musulmans m'a révélé que le mot « djihad », qui fait si peur, signifie en réalité combattre les émotions destructives – ce que les bouddhistes appellent l'ennemi intérieur. C'est l'une des significations du djihad. Alors toutes ces pratiques incluent en fait le concept de djihad. Mais certains intègrent une notion différente de sa signification.

Du point de vue du bouddhiste pratiquant, plus vous gagnez en expérience intérieure, plus votre esprit devient stable. Bien sûr, comme je l'ai dit plus tôt, je suis moi-même un très mauvais pratiquant, mais même à mon petit niveau, je peux vous assurer que, par le biais de l'entraînement, l'esprit devient plus stable et connaît moins de stress et de peur, ce qui mène à plus d'assurance. En outre, avec un esprit serein, nous voyons la réalité avec plus de clarté.

Quand notre esprit est dominé par la peur, l'angoisse ou la colère, nous ne pouvons pas voir correctement la réalité. Elle est si déformée que l'on ne peut pas la voir telle qu'elle est. Quand notre esprit est très troublé, nous ne pouvons pas utiliser notre intelligence convenablement. Comment y remédier ? Je pense que la générosité apporte immédiatement une force intérieure et permet à notre esprit de fonctionner plus normalement, plus objectivement. De cette manière, vous gagnez en sérénité, vous accédez à un niveau de bonheur ou de satisfaction supérieur.

Si vous vous exercez de cette façon, peu importe que vous soyez un individu lambda, il est fort possible qu'au moment de votre mort votre état mental ait progressé. Et vous pouvez alors avoir la certitude absolue que votre existence prochaine sera très positive. La vie après la vie sera ainsi.

Les bouddhistes croient que la vie peut s'améliorer à l'infini dans le temps, encore et encore, jusqu'à ce que la destination finale de la bouddhéité soit atteinte, à savoir le bonheur suprême.

Dans le Sutra du Cœur, on trouve ce mantra sanscrit : *Tadyatha gate gate paragate parasamgate bodhi svaha.* Le sens de *tadyatha* est « c'est donc » ; *gate gate* signifie « allez, allez » ; *paragate* signifie « allez au-delà » ; *parasamgate* signifie « allez parfaitement au-delà » ; et *bodhi svaha* signifie « que la graine de Bodhi, ou illumination, soit semée ».

Généralement, pour plaisanter, je dis aux gens que *gate paragate parasamgate bodhi svaha* a deux niveaux d'interprétation – un physique et un mental. Au niveau physique, sans effort, nous allons, nous allons, nous allons au-delà, ce qui signifie que nous allons de l'enfant à l'adolescent puis de l'adolescent à l'homme et enfin de l'homme au vieillard. Ensuite, avec *bodhi svaha,* nous sommes arrivés au cimetière. Cela me rappelle une anecdote qui m'est arrivée en Europe ou en Amérique. Pour rejoindre ma salle de conférence, j'avais dû traverser un cimetière. Lors de mon intervention, j'ai utilisé cette image de la traversée de ce cimetière et dit que c'était notre destination finale. D'un point de vue physique, nous n'avons pas d'effort particulier à fournir : cela se fait automatiquement. Mais pas au niveau mental.

Je me trouve aujourd'hui au stade du *parasamgate*. Comme j'ai soixante-dix-huit ans, *gate* et *paragate* sont déjà derrière moi, j'ai pour unique destination finale *parasamgate*, et le cimetière. Ou peut-être que mon corps sera mis dans un chorten ou un stupa, je ne sais pas. Mais quoi qu'il advienne, c'est ma destination physique finale. Et c'est sans effort que j'y parviendrai, puisque cela ne dépend pas de moi. L'opération s'effectuera naturellement.

Cela dit, là où nous devons faire un effort, c'est au niveau mental de *gate gate paragate parasamgate bodhi svaha*. Les deux premiers *gate* font allusion aux voies de l'accumulation et de la préparation. *Paragate* signifie que l'on a atteint le troisième niveau, la voie de la vision. Et selon les stades du Bodhisattvayana, le premier bhumi est alors atteint, suivi par le reste des dix bhumis. Après vient le *bodhi svaha*, la bouddhéité. Comme je l'ai dit plus tôt, je suis un médiocre pratiquant et je fais vraiment l'effort de suivre le *gate gate*. Parfois, je perçois des signes du premier *gate* ; même si je n'y suis pas parvenu, j'en ai déjà perçu des signes. Je sais que si j'ai plus de temps pour pratiquer, je serai tout à fait sûr d'atteindre ce premier niveau de *gate*.

Fondamentalement, nous sommes semblables, nous sommes le même être humain. Mentalement, émotionnellement et physiquement, nous sommes tous pareils. Du point de vue bouddhiste, Bouddha ou *Tathagatagarbha* est en chacun de nous. La nature de Bouddha, ou graine de Bouddha, est présente. Tant que la clarté est là, la graine de Bouddha s'y trouve. La clarté est la source suprême, l'origine suprême de la conscience. Ce qui signifie que tant que nous sommes conscients nous accueillons la source de la conscience. C'est, pour simplifier, la nature de Bouddha, notre potentiel à devenir omniscient. De là naît l'illumination. Les pierres, qui n'ont pas d'esprit, ne portent pas en elles la nature de Bouddha, elles ne sont donc pas dotées de ce potentiel. Les êtres sentants, dont font également partie les animaux, ont une conscience. Même si la conscience d'un animal reste plus limitée que celle de l'homme, elle n'en est pas moins là. Par conséquent puisque, d'après le point de vue bouddhiste, tous les êtres sentants portent en eux Bouddha, ils ont toujours la possibilité d'atteindre la bouddhéité.

En résumé, nous pouvons tous accéder aux différents niveaux de bonheur. Les non-croyants y parviennent d'un point de vue laïque, les croyants suivant les croyances religieuses théistes et non théistes.

– 3 –

Le pouvoir de l'indulgence

Des deux engagements de toute ma vie, la promotion des valeurs humaines vient en premier, suivie de la promotion de l'harmonie religieuse.

Je nous décris généralement comme des frères et sœurs. J'aime insister sur le fait que nous sommes fondamentalement le même individu. Mentalement, émotionnellement et physiquement, nous sommes semblables.

Au niveau physique, il y a bien de petites différences, comme la taille du nez par exemple. On dit du mien qu'il est gros, mais peu importe. Ce qui est très important, c'est que nous devons nous reconnaître les uns les autres comme des êtres humains, et non nous focaliser sur de petites différences. Au niveau secondaire, oui, il y a des religions, des couleurs et des nationalités différentes. Je crois que le problème que nous affrontons de nos jours est que nous accordons trop d'importance à ce niveau secondaire, en oubliant qu'au niveau fondamental, nous sommes le même être humain.

Dans la réalité d'aujourd'hui, nous devons penser à toute l'humanité. Je crois que lorsque nous sommes devant un problème, nous devons l'affronter en ayant conscience que nous sommes tous le même être humain. Mon intérêt est lié à leur intérêt, leur intérêt est lié au mien. Je considère toujours que je suis simplement l'un des sept milliards d'êtres humains dans le monde : je fais partie de l'humanité. Mon bonheur dans la vie repose entièrement sur le reste de l'humanité. Peu importe qu'une personne soit puissante ou très riche, elle fait toujours partie de l'humanité. Si l'humanité est heureuse, en paix et plus compatissante, alors tout le monde en tirera bénéfice. Dès lors, il ne sera plus question de frontières économiques et religieuses, elles seront transcendées car elles n'existent pas réellement.

C'est donc la réalité. Le moment pour chaque être humain est venu de penser en termes d'humanité entière. Quand vous me voyez réfléchir, selon mon expression, vous pouvez dans une certaine mesure lire dans mon esprit. Par exemple, tout le monde a une notion de soi – le « moi ». Mais personne ne dit ce qu'est le moi pour autant. Personne ne le sait. Depuis des millénaires, des traditions différentes ont donné des explications différentes sur le moi, mais sans parvenir à élaborer une définition claire et précise. Quoi qu'il en soit, tout le monde a une notion de soi et des sensations de douleur et de plaisir l'accompagnant. On a vu que, par nature, tout le monde recherche et veut le bonheur, le plaisir et la joie. Et comme nous ne voulons pas subir la douleur, nous voulons surmonter les problèmes. C'est ce sur quoi repose le concept des droits de l'homme. Tout le monde a le droit de vaincre les problèmes et la souffrance.

Ainsi que je l'ai précédemment évoqué, la source suprême de la tranquillité d'esprit et du bonheur au niveau mental se trouve en vous – pas dans l'argent, le pouvoir ou un quelconque statut social, je ne le rappellerai jamais assez. Certains de mes amis sont peut-être milliardaires, très riches, mais d'un point de vue personnel, ils sont très malheureux.

Si vous dépendez de l'argent, celui-ci ne pourra jamais vous apporter la paix intérieure. Plus encore, je pense qu'au fond d'eux-mêmes ces gens très puissants sont très angoissés, en proie en permanence au stress, à la peur et à la méfiance. Les valeurs matérielles ne les aident en rien à connaître la joie intérieure et la sérénité véritables, c'est même tout l'inverse. L'affection ou la générosité sont les valeurs qui leur apporteront vraiment la force intérieure et l'assurance qui fera reculer la peur et accroîtra l'amitié et la confiance. Nous sommes des animaux sociaux : c'est en cela qu'une coopération reposant sur une confiance réciproque est très nécessaire. Sans la confiance, comment pouvez-vous développer l'amitié ? Certes, si vous êtes riche, votre argent peut vous permettre d'acheter des amitiés. Mais vous n'obtiendrez que des sourires superficiels ou quelques marques de gentillesse factices – mais au fond, il n'y aura pas de respect. L'amitié sincère repose sur la confiance. C'est le fondement de la nature humaine.

Ainsi, dès lors que votre esprit se fait plus généreux et compatissant, toute l'atmosphère devient plus positive et amicale. Quand vous regardez devant vous, vous vous dites : « Oh, voici mon ami. » Vous regardez d'un côté, en voici un autre. Vous regardez de l'autre côté, et cette personne est aussi votre ami. Si vous conservez en vous la peur et la méfiance, si vous gardez vos distances avec autrui, celui-ci ne verra en vous que soupçon, méfiance et prudence. Par conséquent, au fond de vous-même, vous vous sentirez solitaire. Et il en découlera les problèmes de tension artérielle et de stress que j'ai précédemment évoqués.

Si l'on développe une plus grande sollicitude favorisant le bien-être de ses frères et sœurs, une porte intérieure s'ouvre automatiquement, et il devient très facile de communiquer avec les autres. Que l'on soit croyant ou non, cette qualité ou cette aptitude à la compassion, nous la portons en nous depuis la naissance.

J'aime à revenir sur ce point. Pour commencer, tout le monde est l'enfant de sa mère. En Inde, certaines légendes veulent que tel saint ou tel personnage célèbre soit né d'un lotus. Je le raconte en plaisantant aux gens, par provocation, pour qu'ils adoptent une attitude plus compatissante encore envers le lotus, pour qu'ils comprennent que tout être vivant mérite notre compassion. Fort heureusement, nous sommes nés d'une mère. Donc, à peine sommes-nous nés, grâce à un phénomène biologique, que des deux côtés – mère et enfant – s'établit un immense lien de proximité et de confiance. Du côté de la mère, cette puissante émotion de bonté aimante ou d'affection apporte l'énergie nécessaire pour protéger l'enfant et s'en occuper.

C'est un phénomène biologique. Il n'a rien à voir avec la foi religieuse – ni la Constitution, ni la loi. La mère humaine est comme la chatte, la chienne ou l'oiseau femelle : elle a une immense affection ou sollicitude pour sa progéniture. Biologiquement, nous avons en nous ce genre d'affection. Comme nous sommes nés ainsi, nous grandissons sous l'immense affection d'autrui, un peu comme si notre sang contenait une sorte de graine de l'affection. Depuis notre naissance, nous avons en nous ce potentiel, nous devons ensuite utiliser notre intellect pour le développer. Nous avons déjà établi qu'un esprit plus compatissant nous garantit une meilleure santé et qu'un esprit irrité lui nuit. On peut donc conclure que la nature humaine est fondamentalement plus positive et compatissante.

Grâce à leur intelligence, les êtres humains ont la capacité d'étendre et de développer leur esprit altruiste. La compassion, qui est issue d'un phénomène biologique, doit être développée de la même façon – par la réflexion et l'étude du pour et du contre – et ensuite viennent la conviction et la prise de conscience. La générosité est aussi très importante pour la société, pour la famille et pour l'individu.

Quand je me promène dans la rue, je souris très souvent. Parfois, les gens qui sont un peu réservés – et surtout les jeunes filles – se montrent méfiants quand je leur souris. Au lieu de recevoir le bonheur, ils ont plutôt l'air de se demander : « Mais pourquoi cette personne me sourit-elle ? » Quand je souris à une autre personne qui est mon frère ou ma sœur, cela veut dire que je suis heureux. Mais mon attitude compatissante n'apporte pas nécessairement le bonheur à l'autre. Elle lui inspire plutôt de la méfiance et de l'inquiétude. Le premier à bénéficier de la pratique de la compassion est soi-même.

Je veux que ce soit bien clair, voilà pourquoi je me permets d'insister : parfois les gens pensent que la pratique de la compassion est quelque chose de bien pour autrui mais pas nécessairement pour soi-même. C'est tout à fait erroné. Au jeu de la compassion, nous gagnons à tous les coups !

Il est donc important de distinguer les deux niveaux de la compassion. Le premier est celui de l'affection, de la compassion biologique. C'est très limité, et également orienté vers l'attitude de l'autre. Ce genre d'affection ne s'adresse, on l'a vu, qu'à l'ami, ou aux proches qui vous témoignent une attitude positive. On parvient au second niveau de compassion par l'entraînement, en utilisant son intelligence. Comme je l'ai dit plus tôt, en pesant le pour et le contre, on forge sa conviction. Une attitude extrêmement égocentrique est auto-destructrice. Pensez davantage à autrui – cela apporte vraiment la force intérieure. Grâce à ces convictions, votre sollicitude s'étendra délibérément à autrui, non seulement vos amis, mais aussi des inconnus, et en fin de compte, même à vos ennemis ou à ceux qui vous causent des ennuis. Une fois que vous possédez cette sollicitude, qui s'adresse même à votre ennemi, votre compassion est sincère et affirmée. Elle n'est pas biaisée, elle est sans limites et infinie. Nous ne pouvons atteindre ce niveau que grâce à la merveilleuse intelligence humaine.

Prenons l'exemple d'un moine tibétain que je connais très bien. En 1959, il a été emprisonné dans un goulag chinois dont il n'a été libéré qu'au bout de dix-huit ou dix-neuf ans. Au début des années quatre-vingt, il a pu revenir en Inde et retrouver son ancien monastère. J'ai évoqué récemment avec lui son expérience du goulag. Il m'a dit que durant cette période, en quelques occasions, il a dû affronter le danger. Je l'ai alors interrogé sur la nature de ce danger. Eh bien, pour lui, le seul vrai danger qui le menaçait, c'était d'oublier la compassion, de ne plus éprouver de compassion envers ceux qui le persécutaient, comme ces gardes chinois. Une telle personne pratique réellement la compassion infinie et est mentalement très sereine et très calme.

J'ai parlé de son expérience à un groupe de scientifiques devant lesquels j'ai tenu une conférence. Interpellés, ils ont alors voulu l'examiner et le faire participer à un protocole d'études avec d'autres personnes qui avaient vécu des épisodes traumatiques. À la suite de leurs observations, ces chercheurs ont découvert que, bien qu'il ait vécu des périodes très difficiles et eu une existence très pénible, l'état mental de ce moine était très serein. Or, généralement, les gens qui traversent ce genre d'épreuves en ressortent traumatisés, mais pas lui. Plus encore, cet homme, qui a à présent quatre-vingt-trois ou quatre-vingt-quatre ans, est encore physiquement en bonne santé. N'est-ce pas la preuve même que l'attitude mentale joue un rôle essentiel pour notre santé ?

Au cas où vous en douteriez encore, j'ai un autre exemple. Il y a deux ou trois ans, j'ai subi une opération chirurgicale. On m'a enlevé la vésicule biliaire. Malgré les complications de ce qui devait être une petite intervention (trois heures au bloc au lieu des quinze ou vingt minutes prévues), je me suis complètement rétabli en sept jours. Le médecin était surpris par la rapidité peu commune de ma convalescence. Voici mon expérience.

Quand j'étais allongé sur la table d'opération et par la suite, durant mes quelques jours d'hospitalisation, je me sentais bien. Je n'étais pas particulièrement angoissé ni préoccupé. Je suis devenu très ami avec les infirmières et les médecins. Je plaisantais avec eux et je les taquinais. Certains des médecins m'ont raconté plus tard que depuis notre rencontre toute leur vie avait changé. L'épouse de l'un d'eux – le médecin lui-même ne m'en a rien dit – m'a confié : « Avant, mon mari avait un caractère un peu difficile. Mais depuis cette opération, il est devenu beaucoup plus gentil. »

Donc pratiquez la compassion ! Non seulement cela vous fait du bien, mais cela instaure aussi une atmosphère positive autour de vous. Cela ne m'est pas réservé du fait de mon statut particulier. Nous avons tous le même potentiel, la même intelligence. La seule chose que nous devons faire, c'est nous entraîner dès l'enfance. Grâce à l'entraînement et à l'étude, nous accordons plus d'attention à notre valeur intérieure. C'est la seule nécessité, l'expérience viendra.

J'écoute beaucoup la BBC. On y parle toujours d'argent, d'économie et de politique. Et regardez l'attitude des gens en général : ils s'ennuient ! À moins qu'ils aient quelque chose de spécifique à regarder ou à écouter !

Pour combler leur vide intérieur, toute la journée, ils regardent la télévision et écoutent de la musique. C'est pour moi révélateur du fait que nous n'avons pas la notion de notre valeur intérieure, que nous n'avons pas l'habitude de regarder en nous et de simplement penser à notre esprit. Or, sans regarder ni écouter, simplement en pensant, on parvient à une immense sérénité.

C'est pour cela que les gens qui s'isolent dans un lieu reculé peuvent encore être heureux – sans musique, sans télévision, sans rien d'autre que la méditation ou d'autres exercices permettant d'obtenir une immense paix intérieure. Comme ils possèdent la technique, ils savent comment y parvenir en regardant en eux-mêmes. Des jours, des nuits et des mois peuvent s'écouler ainsi. Bien sûr, un dispositif extérieur, c'est très bien, mais il n'est pas bon de trop compter dessus.

Il y a donc deux catégories de bonheur et de souffrance. L'une dépend principalement de la conscience et des expériences sensorielles – regarder ou écouter de jolies choses vous apporte une satisfaction intérieure. Mais ce genre de satisfaction repose entièrement sur des moyens et des éléments extérieurs.

L'autre niveau de souffrance et de satisfaction ne découle pas de l'expérience sensorielle. Par exemple, quand vous vous rappelez une expérience passée, vous éprouvez de la joie ou de la peine. C'est le niveau mental. Entre les deux – expérience au niveau mental et expérience au niveau physique ou sensoriel –, c'est la première qui est supérieure. Je pense que nous pouvons voir que le bonheur mental peut dominer la douleur physique, mais que la douleur mentale ne peut pas être atténuée par le confort physique.

C'est logique, non ? Je regrette qu'aujourd'hui l'enseignement moderne mette trop l'accent sur l'expérience au niveau sensoriel. Pendant trois ou quatre millénaires, les êtres humains s'en sont complètement remis à la prière pour atteindre le bonheur ou la sérénité. Et au cours des deux derniers siècles la science et la technologie se sont développées au point de nous apporter immédiatement ce que nous désirions. Désormais, nous accordons plus d'importance à la science et à la technologie qu'à la prière.

L'an dernier, dans un État indien, le gouvernement local a construit un temple bouddhiste. Le Premier ministre m'a invité à la cérémonie d'inauguration. Dans son discours, il a déclaré que grâce à la bénédiction de Bouddha son État allait rapidement prospérer. Quand vint mon tour de prendre la parole, comme je le connais très bien, je me suis exprimé ainsi : « Si votre État pouvait rapidement prospérer grâce à la bénédiction de Bouddha, il devrait s'être développé depuis bien longtemps ; car les bénédictions de Bouddha sont là depuis au moins 2 500 ans. Mais les bénédictions de Bouddha dépendent entièrement du travail d'un Premier ministre capable. »

Par ces mots, j'ai voulu signifier que c'est l'action qui provoque véritablement le changement. La prière ne changera rien. En conséquence, l'intérêt des gens pour la science et la technologie est naturel. Pour en revenir aux émissions de la BBC qui ne traitent que d'argent, je pense qu'une prise de conscience s'opère. Dans la dernière partie du XXe siècle, des gens vraiment riches ont construit une société matérialiste et aisée, pensant qu'elle serait la source du bonheur. Puis ils ont commencé à réaliser que la valeur matérielle à elle seule ne suffisait pas. Il leur manquait quelque chose. La valeur matérielle apporte le confort au niveau physique, mais pas au niveau émotionnel. Dans le même temps, la recherche scientifique sur les neurones a atteint un degré très évolué. Forte de ses connaissances nouvelles, la science a commencé à développer un intérêt pour les émotions et l'esprit. De plus en plus de scientifiques connus et respectés entreprennent des recherches sur nos émotions et la manière de les gérer. Et à la fin du XXᵉ siècle est né un sincère intérêt pour notre valeur, notre richesse intérieure. Dans le même temps, dans le système éducatif, des écoles, des établissements laïques séparés ont vu le jour. Avant cela, c'est l'Église qui se chargeait d'enseigner l'éthique. Elle s'occupait également dans une certaine mesure de la famille. Mais cette époque est révolue et a vu décliner quelque peu l'influence de l'Église et de l'institution familiale. L'institution éducative laïque devrait assumer la charge d'éduquer les individus tant sur des sujets intellectuels que sur l'éthique ou la générosité.

Vous voyez, il y a beaucoup de gens qui mènent aujourd'hui des recherches sérieuses sur la manière de mettre en place un enseignement de l'éthique et de la générosité dans le cursus moderne. Nous, les individus, à travers nos propres expériences, nous devenons plus matures. Alors nous ne nous intéressons pas seulement à la valeur matérielle, mais aussi à la valeur intérieure.

Quand il est question de valeur intérieure ou d'éthique, les différentes religions ont chacune leurs règles. Je voudrais ici vous faire part d'une seule chose : votre croyance religieuse personnelle est très importante, mais vous devez faire la distinction dans la foi entre « une vérité, une religion » et « plusieurs vérités, plusieurs religions ». Pour l'individu, l'idée « une vérité, une religion » a tout son sens. Mais pour la société, « plusieurs vérités, plusieurs religions » est aussi pertinent. Alors, comment pouvons-nous surmonter cette contradiction ?

Un jour, en Argentine, alors que je m'entretenais avec des scientifiques et des chefs religieux, l'un d'eux a déclaré être physicien, mais il estimait qu'il ne devait pas éprouver d'attachement particulier pour son domaine scientifique. Je trouve cela merveilleux. Je suis bouddhiste, mais je ne dois pas développer d'attachement particulier pour le bouddhisme ; car, voyez-vous, si vous éprouvez un trop grand attachement pour votre religion ou votre discipline, votre esprit s'en trouve biaisé. Et dès lors, vous ne pouvez pas voir la valeur des autres traditions. Vous devez être fidèle à votre tradition, mais aussi avoir l'esprit ouvert concernant les autres traditions. Vous devez les considérer objectivement, et vous serez en mesure d'en apprécier la valeur. De nos jours, au nom de la religion, nous avons parfois des dissensions et des conflits. Ce n'est pas parce que quelque chose ne va pas dans la religion, mais parce que le pratiquant est prisonnier de son attachement.

La religion et l'harmonie sont l'engagement de toute ma vie, et je suis très heureux de voir des frères et des sœurs différents. Bien que nos philosophies et traditions diffèrent, nous sommes tous des pratiquants de la même générosité. C'est à nous de jouer un rôle plus efficace dans la promotion de la valeur intérieure. Je crois qu'il est très difficile pour quiconque parmi presque sept milliards d'êtres humains de devenir croyant. C'est un fait avéré. Aussi je voudrais dire ceci aux croyants : si vous suivez votre religion sincèrement et sérieusement, elle a tout le potentiel pour vous apporter la paix intérieure. Seulement, il y a aussi les non-croyants, qui ne sont pas du tout engagés dans la religion.

Cela dit, je pense qu'il y a trois manières de promouvoir les valeurs intérieures. La première est la religion théiste ; croyez en Dieu, soumettez-vous totalement à lui. Ce genre de foi évite une attitude excessivement égocentrique. Elle est très utile. Je fais d'abord appel à la religion théiste pour promouvoir ces valeurs intérieures. La deuxième, ce sont les religions non théistes, comme le bouddhisme, le jaïnisme et d'autres traditions indiennes anciennes. Les fidèles de ces religions croient en la loi de causalité, qui est également une façon de promouvoir ces valeurs intérieures. Enfin, il y a la troisième manière de promouvoir ces valeurs intérieures, que j'appelle la voie laïque.

Je dois préciser que lorsque j'utilise le terme « laïque », cela ne veut pas dire que je n'ai de respect pour aucune religion, mais plutôt que je les respecte toutes. Selon la conception indienne, la laïcité est le respect pour toutes les religions – aucune préférence pour telle ou telle autre, car elles sont toutes égales. Et nous devons aussi respecter le non-croyant.

Nous devons estimer que nous sommes tous le même être humain et parler des valeurs humaines fondamentales. Pour moi, c'est important. En dehors de cela, il y a des gens qui ne s'intéressent pas à la religion. Il est faux de penser qu'ils ne s'intéressent pas non plus à la compassion, parce qu'ils pensent que c'est l'affaire de la religion. C'est totalement erroné. Accepter ou non la religion est une décision individuelle, mais il est de votre intérêt de prêter une plus grande attention à ces valeurs intérieures.

Parfois, pour plaisanter, je dis aux gens : « Nous sommes biologiquement égoïstes. Les gens sont égoïstes. C'est à cause de cet égoïsme que nous avons survécu. Mais cet égoïsme devrait être une expression de sagesse plutôt que d'imprudence. Se préoccuper du bien-être d'autrui est la meilleure manière de parvenir au bonheur et de réussir sa vie. Par égoïsme, si vous pensez seulement à vous-même et avez une attitude extrêmement égocentrique, vous aurez des problèmes de glycémie, de tension artérielle et de stress, et vous finirez par succomber à une crise cardiaque. »

– 4 –

COMPASSION

J'utilise souvent les termes « non-croyant » et « éthique laïque ». L'éthique laïque est d'autant plus importante qu'une grande partie des sept milliards d'êtres humains ne sont pas très engagés dans la religion. Ils forment un type de non-croyants. Ces non-croyants, qu'on nomme aussi « athées » – mais je n'apprécie guère ce mot –, sont des êtres humains au même titre que les croyants, et en tant que tels ils ont le même droit au bonheur et nous devons nous soucier sérieusement et sincèrement de leurs besoins. Pour cela, il nous faut revenir sur la notion de laïcité. Comme je l'ai déjà dit, beaucoup de mes amis sont chrétiens ou musulmans. Ils n'aiment guère employer le mot « laïcité » parce que pour eux la laïcité est le fait de rejeter ou de ne pas respecter la religion.

Je crois que si les gens utilisaient le mot « laïque » dans le contexte de la Révolution française ou de la révolution bolchevique, cela sous-entendrait une hostilité envers les institutions religieuses – ce n'est pas grave. À ces périodes, l'institution religieuse était devenue le socle du pouvoir de l'élite dirigeante. Même le tsar de Russie estimait avoir des droits particuliers au nom de la religion, parce qu'il avait reçu la bénédiction divine. De plus, ces institutions religieuses elles-mêmes étaient parfois corrompues. Cela vaut la peine de s'élever contre des institutions religieuses corrompues, mais cela ne veut pas dire que la laïcité soit contre la religion, elle est seulement contre l'institution religieuse. Selon la tradition indienne, la laïcité n'implique pas du tout un manque de respect pour la religion. La Constitution de l'Inde moderne est elle-même fondée sur la laïcité. Il ne s'agit pas du tout de ne pas respecter la religion, mais plutôt de les respecter toutes – sans aucune préférence pour telle ou telle religion. Pour l'État, toutes les religions sont respectées. C'est le sens de la laïcité.

Il y a quelque temps, j'ai rencontré un ancien vice-Premier ministre indien, M. Advani. Lui-même est croyant, et une fois, il m'a parlé d'une longue interview qu'il avait donnée à la télévision canadienne sur la réussite de la démocratie indienne. Il m'a dit qu'il avait expliqué durant cette interview que cette réussite reposait sur un facteur millénaire : « L'Inde a pour habitude ou pour tradition de respecter l'opinion de l'opposition. »

Il m'a donné l'exemple d'une école de pensée, le charvaka - nihilisme -, qui précède même le Bouddha. Selon elle, il n'y a pas de réincarnation, pas de Dieu, pas de spiritualité, rien ; juste la vie en ce monde, qu'il faut donc savourer autant que l'on peut. C'est la vision du charvaka. Advani a déclaré à son intervieweur que les tenants de cette vision étaient appelés nihilistes et que le reste de la tradition spirituelle indienne critiquait et condamnait cette pensée. Mais ses partisans étaient aussi appelés des *rishis*, terme qui signifie sage. Cela veut dire que même si vous critiquez ou condamnez une croyance philosophique, vous respectez les individus. Telle est la tradition millénaire de l'Inde.

En conséquence, regardez l'Inde aujourd'hui : je crois que c'est le seul pays où toutes les principales religions du monde cohabitent dans un respect mutuel. Il y a occasionnellement quelques problèmes entre hindouistes et musulmans, mais c'est tout à fait compréhensible. Sur un milliard d'êtres humains, il y aura forcément toujours quelques individus malfaisants. C'est compréhensible, mais l'atmosphère est globalement très pacifique. Toutes les grandes traditions religieuses cohabitent en paix.

À Jodhpur, alors que je venais d'arriver à mon hôtel, j'ai rencontré un Roumain qui m'a expliqué qu'il menait des recherches sur l'harmonie religieuse dans ce pays. Il avait passé un certain temps dans un village où tous les habitants étaient musulmans à l'exception de trois familles, qui étaient hindouistes. Il était surpris que leurs relations soient aussi bonnes. La majorité musulmane ne menaçait nullement ces trois familles hindouistes. Je lui ai expliqué que l'Inde, dans son ensemble – dans le sud, le nord, l'est et l'ouest – se composait de familles hindouistes, musulmanes, chrétiennes, de quelques jaïnistes, et qu'il y avait même des bouddhistes. C'est la véritable richesse de l'Inde. Et ce n'est pas nouveau, c'est quelque chose qui a été entretenu depuis un millénaire.

Mais d'un point de vue général, l'Inde est le seul pays où, à côté des religions locales - hindouisme, bouddhisme, jaïnisme et plus tard sikhisme -, d'autres religions ont trouvé un foyer paisible. Le zoroastrisme est venu de Perse il y a des millénaires, je crois, et a trouvé asile en Inde. Il s'y est très bien installé. Beaucoup de personnalités publiques, dans le domaine des affaires ou dans l'armée, sont aujourd'hui parsis, comme la famille de l'industriel Tata. Bien qu'ils soient peu nombreux, ils sont tout aussi heureux. Les juifs, les musulmans, les chrétiens - toutes les principales traditions religieuses du monde cohabitent en Inde depuis plus de mille ans. Ce n'est possible, à mon avis, que grâce au comportement laïque, au respect de toutes les religions. Alors quand je dis qu'il faut tenir compte du non-croyant, je veux dire que tout comme dans l'Antiquité l'on disait que c'était un sage, le non-croyant contemporain est respecté en Inde. Quand je dis « laïcité », je me réfère donc au concept indien.

Maintenant, qu'est-ce que l'éthique laïque ? Je considère que les qualités humaines fondamentales sont principalement dues à des facteurs biologiques et non à l'influence de la religion. C'est également juste de certaines choses qui nous procurent de la joie. Comme la sécurité, l'absence de peur, c'est une valeur humaine et elle fait partie de l'éthique laïque. Qu'est-ce que l'affection humaine ? Au moment de notre naissance, notre vie dépend uniquement des soins de notre mère. Nous survivons grâce au lait maternel. Ce genre d'effort infatigable naît de l'affection d'une mère. L'effort physique vient de la mère, et toute action physique doit avoir une motivation. L'action infatigable de la mère qui s'occupe de son enfant est motivée par l'affection.

Je sais que quand les œufs de certains oiseaux éclosent, les petits n'ont pas assez de plumes pour pouvoir voler. Alors leur mère ne cesse d'aller et venir pour les nourrir. Cette énergie naît de son affection pour ses petits. Cela montre bien que l'affection maternelle n'a rien à voir avec la religion : c'est un facteur biologique. Quand quelqu'un nous sourit avec une motivation sincère, nous sommes heureux. Ce sentiment fait disparaître la peur. L'affection apporte le confort. Ce sont des qualités biologiques : nous les possédons déjà.

Quand un enfant naît, il ignore totalement qui sont les autres, il ne sait pas qui est sa mère, mais émotionnellement, à cause du facteur biologique, il se repose pourtant totalement sur elle. Tant que la mère touche l'enfant, il se sent en sécurité et très heureux. S'il est séparé de sa mère, il se sent en danger. Les animaux sont également comme cela. Des scientifiques ont fait une expérience avec de petits singes. Certains furent laissés avec leur mère et les autres en furent séparés. On a observé que les petits qui étaient restés avec leur mère étaient toujours d'humeur joueuse et joyeuse. Ceux qui en avaient été séparés se montraient toujours frustrés et agressifs. Dès notre naissance, nous recevons un maximum d'affection de notre mère : et c'est grâce à elle que nous survivons. Alors notre corps grandit et notre vie commence dans une atmosphère d'affection ou de compassion. C'est ainsi. Selon des chercheurs en médecine, pendant les premières semaines de vie, seul le contact maternel est nécessaire pour que le cerveau de l'enfant se développe convenablement. C'est donc un état de fait qui n'a rien à voir avec la religion, c'est la réalité.

Un jour, en Pologne, j'ai visité un orphelinat. Ces enfants, m'a expliqué le directeur,

étaient « non désirés ». Même s'il y avait bien
sûr des gens qui leur donnaient à manger, les
habillaient et leur fournissaient abri et instruction, je ne crois pas que l'esprit de ces enfants
était vraiment heureux, puisque leur mère les
avait abandonnés. C'est très nocif pour un
enfant. Du jour de notre naissance à la fin
de notre vie, l'amour et l'affection des autres
nous rendent heureux. Même au moment de
la mort, les gens savent qu'ils ne vont plus rester ensemble – l'un meurt, l'autre survit, il ne
peut plus y avoir d'amitié, c'est inutile – mais
malgré tout, le mourant est émotionnellement
plus heureux entouré de ses amis venus lui
témoigner leur affection. C'est la nature de la
vie humaine.

Il y a des milliers de gens qui se soucient
plus de leur bien-être personnel qu'ils ne le
devraient. Leur étroitesse d'esprit amplifie
les petits problèmes, et la réaction est très
forte, avec pour conséquence l'apparition
de la peur, de la frustration, de l'angoisse
– tout cela est très mauvais pour la santé, je
le répète. Par ailleurs, comme nous sommes
des animaux sociaux, de bonnes relations avec

notre entourage sont tout à fait essentielles. Si l'on a un comportement égocentrique, on développe automatiquement une attitude méfiante et soupçonneuse, et il est très difficile de nouer une amitié sincère.

Pour les gens qui ont la notion du bien-être des autres, autrui est considéré comme précieux, et les contacts avec les autres sont facilités. Il n'y a plus de peur ni d'angoisse. La confiance repose sur la sincérité et la transparence. Si vous restez dans l'hypocrisie, comment pouvez-vous développer la confiance ?

– 5 –

SOUFFRANCE ET BONHEUR

Tout le monde doit accorder plus d'attention aux valeurs humaines et à la prise de conscience individuelle, je ne le dirai jamais assez. Cela renforce la capacité de l'individu à affronter les épreuves. Bien sûr, cela dépend entièrement de votre force intérieure. Il faut travailler dur pour que la tragédie, la peine qui vous afflige se transforme en énergie nouvelle, en assurance qui vous permette de vous rendre utiles à la société, à la communauté. Face au deuil, à la perte, ou à la souffrance des êtres que nous aimons, nous devons, passé la tragédie, trouver en nous la ressource, la sérénité qui nous permettra de reprendre le cours de notre vite. Au début, c'est difficile, même pour un pratiquant, mais nous devons tous faire l'effort.

Pensez à ceux que vous avez perdus, à leur tristesse de vous savoir dans la peine. En vous dépassant pour eux, vous gagnez en force intérieure, et par la suite, il vous devient moins difficile d'affronter de tels maux. Naturellement, ces pratiques ne sont pas faciles. Vous avez besoin d'une continuité dans l'effort, de détermination : « Je *dois* pratiquer cela. Je *dois* avoir plus de compassion. » Il est possible en effet que sur sept milliards d'êtres humains, beaucoup vivent la même épreuve, parfois même une épreuve plus difficile encore. Ce simple constat pourra vous aider à atténuer le caractère insupportable de ce que vous traversez. Tolérance ou patience viendront alors automatiquement. C'est une approche réaliste de la patience qui aide considérablement à la faire naître. Je pense que nous négligeons le plus souvent les éléments de base de l'esprit et que certaines émotions destructrices deviennent alors dominantes.

Lorsqu'on me demande comment surmonter une situation douloureuse ou difficile, j'ai également pour habitude de citer un maître bouddhiste indien du VIIIe siècle qui dit : « s'il existe une solution, il ne faut pas s'inquiéter et la chercher. S'il n'y a pas de solution, alors inutile de s'inquiéter ». Je rejoins tout à fait cet enseignement parce que l'inquiétude ne fait qu'augmenter le stress et la confusion mentale de l'individu.

Ainsi, quand j'ai visité le Japon après le tsunami de 2011, en découvrant le pays sinistré, je me suis rappelé une expression tibétaine qui décrivait la situation de manière très juste : un empilement de tragédies les unes sur les autres. Des catastrophes comme le séisme, le tsunami et la fuite de substances radioactives se sont abattues successivement sur le Japon. Pour rassurer les populations, je leur ai répété que la tragédie était terminée, derrière eux. Il ne leur fallait donc pas s'inquiéter et travailler, envisager l'avenir, la reconstruction, prendre soin de leur famille. C'est tout ce qu'ils pouvaient et devaient faire. Les bouddhistes appellent cela le karma. Or, souvenez-vous : celui-ci n'est jamais fixe, aussi peut-il être surmonté par le travail, l'assurance, la confiance envers l'avenir et son prochain !

– 6 –

LE POUVOIR DES FEMMES

Je pense qu'en général, pour des raisons biologiques, la femme a une plus grande capacité
naturelle que l'homme à éprouver de la sollicitude pour autrui. Cela m'a été confirmé par
des scientifiques qui m'ont expliqué que, face
à une même scène de souffrance, la réaction
d'empathie est plus grande chez la femme que
chez l'homme. Regardez la question du plaisir !
Biologiquement, quand l'homme a pris son
plaisir, sa mission quelque part s'arrête là ;
mais la femme, elle, doit porter l'enfant pendant de longs mois, puis à la naissance, faire
d'immenses efforts pour s'occuper de l'enfant...

Je raconte souvent ce constat que j'ai fait
lors d'un long trajet en avion entre le Japon

et l'Amérique. Parmi les passagers se trouvait un jeune couple avec deux enfants en bas âge. L'un était encore nourrisson et l'autre savait déjà marcher. Au début du voyage, les deux parents s'occupaient des deux enfants. Puis, vers minuit, le père s'est endormi. La mère a continué à s'occuper des enfants. Elle s'en est occupée toute la nuit, en particulier du plus jeune, qui nécessitait des soins constants. Quand nous sommes arrivés en vue de San Francisco ou Los Angeles, ses yeux étaient rouges d'avoir veillé. N'est-ce pas un signe clair ? Les deux parents aimaient vraiment leurs enfants, mais le père s'en est occupé jusqu'à ce que la fatigue le rattrape, tandis que la mère s'en est occupée toute la nuit, sans se préoccuper de son manque de sommeil.

C'est valable pour le règne animal. Regardez par exemple les oiseaux ou les chiens ! La mère s'occupe sans relâche des petits jusqu'à ce qu'ils soient indépendants. Chez eux aussi, la mère a des liens beaucoup plus forts avec ses petits ; c'est un facteur biologique, vital. Comme je le dis souvent, je pense que ceux qui ont eu la chance de recevoir le maximum d'affection de leur mère quand ils étaient plus jeunes grandissent avec un plus fort sentiment de sécurité, et ils sont plus sereins. Ceux qui ont perdu leur mère, qui n'ont pas reçu son affection ou même qui ont subi de mauvais traitements, quelle que soit leur réussite, gardent au fond d'eux une souffrance, une trace de ce qu'ils ont vécu. Biologiquement, la femelle est plus compatissante que son congénère masculin.

Lors de mes conférences en Amérique, en Europe et aussi en Inde, je rappelle souvent qu'au tout début de l'humanité le concept de chef n'existait pas. Tout le monde était égal, travaillait ensemble et partageait tout. Certains philosophes marxistes appellent cela « le marxisme originel ». Puis le concept de chef est apparu. À l'époque, comme le savoir ne jouait encore aucun rôle, c'est la force physique qui était déterminante pour devenir le chef. Cela a donc marqué le début de la domination des hommes. On retrouve ce phénomène chez des animaux comme les singes.

Puis la connaissance commença à jouer un rôle important dans la société, ce qui permit une plus grande égalité. Depuis le siècle dernier, il y a eu des femmes dirigeantes très célèbres et très efficaces. En Israël, Golda Meir a été une ministre très puissante. Cela a apporté un petit peu plus d'égalité. J'ai déjà dit que la seule éducation ne suffisait plus. Nous devons concentrer notre effort sur la promotion et la valorisation de la compassion humaine. Sur ce point, les femmes ont un rôle essentiel à jouer, elles doivent être les actrices de cette révolution.

Pour ce qui est du cercle familial, je serais plus nuancé. Parfois, ni l'homme ni la femme ne doit prendre trop d'ascendant, sous peine de devenir l'esclave de l'autre. Là aussi, les relations devraient être fondées sur l'amour et la compassion sincères ; pas simplement sur l'attirance physique, mais sur un profond respect mutuel. Lorsqu'ils partagent des sentiments sincères de proximité et de sollicitude, fondés sur un profond respect, les partenaires deviennent plus égaux. C'est toujours le cas.

- 7 -

COMPASSION ET RESPONSABILITÉ CITOYENNE

Je suis né en 1935, juste après la Seconde Guerre mondiale ; puis il y a eu la guerre de Corée, la guerre du Vietnam, et aussi la partition de l'Inde et la guerre civile en Chine. Les guerres continuent aujourd'hui, en Afrique et dans le monde arabe.

Je crois que la vie est chère à chaque individu, mais qu'on ne peut pas lui attribuer de valeur tant elle est précieuse. J'ai soixante-dix-huit ans et j'ai contemplé le siècle dernier. Bien sûr, il y a eu beaucoup de grands progrès dans le domaine scientifique et ailleurs, mais le XXe siècle a aussi été celui de la guerre et de la violence. Je crois que les gens qui ont provoqué cette violence avaient certainement un espoir ou une autre vision du monde. Bien qu'ils aient choisi la violence, ils espéraient que des jours meilleurs se lèveraient, du moins pour les peuples qui leur étaient chers. Mais il semble que violence et contre-violence soient un cycle sans fin.

En conséquence, vous, la première génération du XXIᵉ siècle, vous êtes notre espoir. Vous bâtirez ce siècle et en ferez une période de paix et de sérénité. Plus de sang répandu. Chaque individu vivra dans le bonheur. Tout le monde peut bien répéter « Paix, paix » un millier de fois, mais la paix ne tombe pas du ciel. Pourquoi ? Puisque c'est nous qui provoquons la violence et la guerre, c'est de nous que dépend la paix. Nous devons instaurer une paix durable. Ma génération, nous les professeurs, les chanceliers et tous ceux qui appartiennent au XXᵉ siècle, nous sommes prêts à dire au revoir. Le moment est venu de confier à la nouvelle génération tous les problèmes du monde. Vous devez trouver les manières et les moyens de travailler dessus.

Tout d'abord, afin d'employer les méthodes efficaces pour apporter la paix, vous avez besoin de volonté afin d'affronter tout conflit sans user de violence mais à travers le dialogue, face à face. Je dis souvent que ce siècle devrait être celui du dialogue. Le dialogue est le seul moyen de résoudre les conflits. Il est cependant irréaliste d'espérer parvenir à un monde en paix sans le moindre conflit. À mon avis, tant que nous, êtres humains, avec notre intelligence, avons la capacité d'avoir des opinions différentes, il y aura des espoirs et des idées différents. En outre, avec le réchauffement climatique, l'épuisement des principales ressources naturelles et l'augmentation de la population, il ne peut qu'y avoir des facteurs de conflits. La paix implique que nous résolvions ces conflits sans utiliser la force, mais par des moyens pacifiques, à travers le dialogue.

Pour entamer ce dialogue, nous avons besoin de volonté et de détermination ; et la détermination doit se fonder sur la compassion. Cela signifie que nous devons simplement respecter les droits et intérêts d'autrui, et nous retenir instinctivement de lui nuire. Pour s'assurer de cela, il faut un cœur compatissant. Ensuite, nous avons besoin de sagesse et d'une vision plus holistique de la réalité – une vision globale. Alors, bien qu'il vienne du bouddhisme et de la philosophie bouddhiste, le concept d'interdépendance est quelque chose qui peut selon moi s'adapter à tout le monde. Tout est interdépendant.

Cela dit, dans le monde d'aujourd'hui, s'agissant d'économie et autres, ce ne sont pas seulement les nations mais également les continents qui sont interdépendants. Dans ces circonstances, il est difficile de considérer une nation ou un groupe d'individus comme l'ennemi. Tout le monde fait partie de nous. En conséquence, détruire votre ennemi ou votre prochain revient en fait à vous détruire vous-même. S'occuper de ce prétendu ennemi – qui peut avoir des opinions ou des attitudes différentes des vôtres, et peut-être même un comportement légèrement négatif envers vous – fait aussi partie de vous. Votre avenir dépend de lui. Utiliser la violence pour vaincre son prochain n'a pas de sens. Dans les temps anciens, la défaite de votre ennemi ou de votre prochain était synonyme de victoire pour vous. Aujourd'hui, elle est synonyme de destruction mutuelle. En conséquence, le concept de guerre est dépassé.

Alors, d'un côté, essayez de renforcer votre compassion envers toutes les formes de vie. De l'autre, sur la base de la théorie de l'interdépendance, développez une vision holistique. En combinant les deux, je pense que nous pouvons apporter une paix authentique et durable dans le monde. Si une personne est remplie de haine, de colère et de peur, la paix n'est qu'un mot vide. La véritable paix doit venir de l'intérieur. Par conséquent, pour parvenir à une paix sincère dans le monde, nous devons commencer au niveau individuel, dans notre esprit, dans notre monde émotionnel. Nous devons viser la tranquillité et le calme. Bien sûr, les troubles, la haine, la colère et la méfiance apparaissent forcément, mais ce doit être seulement superficiel. Au fond de nous, nous devons respecter toutes les créatures sensibles et savoir que notre avenir repose sur elles. En combinant ces deux choses, tout au fond de vous, vous pouvez maintenir la paix et la sérénité. Les émotions destructrices sont presque impossibles à empêcher, mais elles ne doivent pas se renforcer. Avec un esprit profondément compatissant et de la sagesse, vous pouvez entretenir la paix intérieure.

Ainsi, par le biais de la paix intérieure , un individu peut constituer une famille sereine, puis une communauté sereine. Si nous finissons par former ce genre de communauté, alors les gens qui détiennent le pouvoir – les politiciens, les fonctionnaires, les militaires ou quiconque est issu de la communauté – seront différents. Voilà comment faire apparaître un monde authentiquement pacifique, instaurer une paix durable dans le monde.

En ce qui concerne l'enseignement, c'est vous les experts. En particulier, tous ces merveilleux professeurs, bien sûr, sont parfaitement équipés s'agissant du savoir. Je suis très intimidé quand je prends la parole devant ces grands érudits. Cependant, ce qui me donne un petit peu de courage pour exprimer mon opinion, c'est l'éducation moderne. Je me trompe peut-être, mais il me semble que l'enseignement moderne se concentre principalement sur le développement extérieur ou matériel. Je conviens que nous ne pouvons pas le lui reprocher, car à présent les institutions éducatives sont seules chargées de s'occuper de l'enseignement et de l'éthique.

L'éthique peut être laïque et doit être universelle. Il suffit de prêter une attention suffisante aux valeurs intérieures, en particulier la générosité.

Afin de développer la paix intérieure, vous avez besoin d'une sorte de désarmement intérieur. Comme je l'ai dit plus tôt, éradiquer complètement les sentiments destructeurs est impossible. Mais nous pouvons les affaiblir, et les émotions négatives peuvent apparaître, mais elles ne peuvent pas troubler si l'on possède une force intérieure positive. C'est ce que j'appelle le désarmement intérieur.

La colère et la haine peuvent apporter une énergie supplémentaire. Un scientifique m'a expliqué que biologiquement, quand la colère apparaît, le sang afflue dans la main, ce qui veut dire que celle-ci est prête à frapper. De la même manière, quand la peur apparaît, le sang afflue dans les jambes, ce qui indique que vous devez vous enfuir. Ce sont deux émotions très importantes pour la survie, et lorsque ces émotions apparaissent, des modifications biologiques se produisent. Je pense, à un niveau limité, que la colère est bonne – pour la défense. Mais à mesure que nous grandissons, parfois la colère et la haine grandissent avec nous. Notre intelligence, au lieu d'étendre notre compassion, étend notre haine. C'est mal.

Notre intelligence doit nous aider à accroître la compassion et ne pas être à la disposition de la haine. Il y a quelque chose que les bouddhistes appellent méditation analytique : c'est simplement analyser et calculer la valeur de la colère et de la haine. La colère et la haine sont censées nuire aux autres, mais en réalité, dès que l'une ou l'autre se développe, elle détruit immédiatement votre sérénité. Et du même coup, vous perdez le sommeil et l'appétit, vous digérez mal, et vous finissez par vous affaiblir physiquement. Le résultat d'une colère et d'une haine permanentes, c'est que la meilleure partie de votre cerveau, celle qui est capable de juger, s'en trouve aussi diminuée et affaiblie. Si vous êtes diminué mentalement et physiquement, cela donne l'avantage à votre ennemi.

Si vous avez un conflit et que vous êtes constamment en colère contre votre prochain, vous finirez par souffrir. Et votre souffrance peut mener votre prochain à la victoire. Au lieu de cela, il faut rester calme. Si votre prochain est injuste avec vous, il est nécessaire et même approprié de mettre en place une riposte, mais sans haine ni colère. Analysez la situation et prenez une contre-mesure avec un sourire. C'est plus efficace, n'est-ce pas ? La haine est presque inutile. Si vous pensez ainsi, vous vous rendrez compte que la haine mérite d'être jetée à la corbeille.

Un peu de colère est tolérable quand vous êtes jeune – tout comme n'importe quel autre animal – pour l'autodéfense immédiate. Mais en tant qu'adulte, vous devez réfléchir très soigneusement : quelle est l'utilité de la colère ? De l'autre côté, il y a la compassion. Comme nous sommes des adultes, avec l'aide de notre intelligence, nous pouvons étendre une compassion limitée jusqu'à l'infini. Si votre compassion est non biaisée, elle peut atteindre aussi votre ennemi. Une fois que vous êtes capable de ce genre d'attitude mentale, vous pouvez avoir l'esprit serein en permanence. Même quand vous affrontez une situation difficile, vous conservez votre sérénité. C'est cela, le désarmement intérieur.

C'est par ce biais que le désarmement extérieur se fera progressivement. C'est nécessaire aussi. Puisque le concept de guerre est dépassé, les armes ne sont d'aucune utilité. Une petite force mobile limitée sera peut-être nécessaire, puisqu'il y aura toujours des perturbateurs. Mais n'oubliez pas que certains pays n'ont pas d'armée. Dans ces pays, comparativement aux autres, l'économie, l'éducation et la santé sont bien meilleures, parce que toutes les ressources y sont consacrées. Alors que dans des pays voisins, les ressources servent aussi à acheter des armes et des munitions, à payer de mercenaires. Nous devons donc espérer parvenir à un monde finalement démilitarisé. Bien sûr, cela ne peut se faire du jour au lendemain. Avant tout, je pense que nous devons contrôler le commerce des armes. Un lauréat du prix Nobel de la paix a déjà lancé une initiative dans ce sens. C'est merveilleux. C'est très bien. Il vaut également la peine d'étudier la possibilité de constituer une armée unifiée franco-allemande. Espérons que tous les États membres de l'Union européenne formeront une armée unifiée – après la monnaie commune, ils auront une armée commune.

En fait, ces questions ne me regardent pas, mais dans le cadre de la liberté de pensée et d'expression, je les aborde souvent. Je crois que c'est une bonne chose d'avoir un rêve, pour que des changements positifs surviennent. Ensuite, progressivement, il y aura une armée au niveau mondial. Si quelque chose de ce genre arrive, je crois que ce sera une bonne chose. J'exprime par là certains de mes rêves d'avenir radieux, durable et plein d'énergie pour la jeune génération. Gardez cela en tête. D'abord, soyez plus pacifique. Ensuite, étendez votre expérience et vos opinions – vos opinions justes et vos comportements justes. C'est comme jeter un caillou dans une mare, cela crée des vaguelettes.

Je pense qu'au cours de ce siècle, si nous faisons un effort, principalement grâce à l'enseignement, nous pouvons parvenir à forger un monde plus amical, pacifique et compatissant. Le monde entier démilitarisé, je ne sais pas. Mais il est certain que le nombre de conflits peut diminuer. Ce genre de monde meilleur est très possible, c'est réaliste de le dire.

Dans le monde matériel, l'un des problèmes est l'écart entre les riches et les pauvres. C'est vrai non seulement au niveau mondial, mais aussi au niveau national. Regardez les États-Unis, où le nombre de milliardaires augmente, mais où la portion de la population la plus pauvre s'appauvrit encore. Je crois que Singapour doit faire exception – c'est presque une cité-État, n'est-ce pas ? Mais en Inde, aux États-Unis, et à présent en Chine aussi malheureusement, l'écart entre les riches et les pauvres s'accroît rapidement. C'est non seulement un mal sur le plan moral, mais cela cause aussi de gros problèmes pratiques. Je pense que nous devrions nous préoccuper sérieusement de ce problème. C'est très important.

C'est là que le rôle de la compassion devient prépondérant – une famille ou une société riche doit se préoccuper des besoins des secteurs les plus pauvres du monde. Au sein d'une nation aussi, les plus riches devraient offrir enseignement, formation, moyens ou équipements aux pauvres et ne pas les mépriser : ils devraient les aider à acquérir de l'assurance.

Selon moi, personne ne naît supérieur ou inférieur. En définitive, c'est nous qui avons créé ces divisions. Un jour que j'étais en Afrique du Sud, j'ai rendu visite à une famille noire dont l'un des membres était professeur. C'était juste après le changement, quand l'Afrique du Sud est devenue un pays démocratique. J'ai donc dit à la famille : « Votre Constitution a changé – tout le monde est égal, il n'y a plus de divisions ou de discriminations raciales – mais mentalement ou émotionnellement, il faudra encore un peu de temps pour s'adapter. » Puis j'ai ajouté : « Maintenant, la communauté noire doit profiter pleinement de l'éducation, de la formation et de cette confiance retrouvée pour se réaliser. » Et là, le professeur m'a répondu : « Notre cerveau est inférieur. Nous ne pouvons pas égaler les Blancs. »

Cela m'a beaucoup attristé. C'était la source du problème. J'ai dit à cet homme : « C'est tout à fait faux. Dès la naissance, vous avez le même cerveau. La différence de couleur est seulement superficielle. Fondamentalement, nous sommes tous le même être humain – nous avons le même potentiel et les mêmes capacités. » Je lui ai donné l'exemple de la situation tibétaine. Je lui ai dit que si tout le monde avait les mêmes opportunités, nous pourrions prouver que nous sommes tous semblables et égaux. J'ai longuement discuté avec lui. Puis, finalement, avec de longs soupirs, il m'a chuchoté qu'il était convaincu que nous étions pareils. Et là, j'ai été immensément soulagé – au moins l'attitude mentale d'une personne venait de changer ! C'est pour cela que les segments les plus riches de la population devraient s'intéresser davantage à leurs frères et sœurs qui n'ont pas aussi bien réussi et s'en préoccuper sincèrement, jusqu'à ce qu'ils aient à leur tour assez d'assurance. En attendant, les riches devraient leur offrir éducation, soins de santé et argent. C'est seulement dans ces conditions que la partie

la plus démunie de la population sera débar-
rassée de ses tendances à la frustration et à la
violence, qu'elle travaillera et étudiera dur :
c'est ainsi que le fossé sera comblé. Je pense
donc que l'une des missions de la jeunesse
d'aujourd'hui est de s'attaquer à réduire considérablement cet écart.

En définitive, la responsabilité citoyenne
n'est autre qu'un certain sens de la responsabilité envers la société. Nous devons trouver une
voie universelle fondée sur le sens commun,
l'expérience commune, à l'image de l'affection
universelle qui unit la mère et l'enfant. Nous,
êtres humains, grâce à notre intelligence et aux
récentes découvertes scientifiques, pouvons
avoir un esprit plus compatissant. Cela permet
au cerveau de mieux fonctionner, la santé physique est également meilleure. Je pense que
ces phénomènes sont universels. C'est la voie
laïque, c'est fondamental.

– 8 –

ENVIRONNEMENT ET BONHEUR

Prendre soin de l'environnement est de l'intérêt de tous, et chacun à notre niveau, nous pouvons contribuer un peu à l'écologie mondiale.

Je dois avouer qu'il m'a fallu du temps pour prendre conscience de l'étendue du problème. Quand nous étions au Tibet, le climat était sec et froid, la population était peu nombreuse, l'eau était potable, nous ne connaissions aucun problème environnemental. Nous ignorions donc totalement ce qu'était l'eau polluée. C'est en discutant avec des scientifiques et des experts en écologie que j'ai pris conscience de la gravité de la situation. Cette planète de sept milliards d'êtres humains est le seul habitat que nous ayons. La Lune paraît belle dans le ciel nocturne – on lui a consacré beaucoup de poèmes – mais si nous perdions notre habitat et essayions de nous installer sur la Lune, elle perdrait de son charme. Je crois que cette planète bleue est le seul habitat possible pour les êtres humains et les autres êtres sensibles.

Certes, il se peut qu'une part du réchauffement climatique soit imputable au Soleil et à la position de la Terre par rapport à lui – cela, nous n'y pouvons rien. Il y a cinq milliards d'années, quand cette planète était en formation, la situation était différente. On sait aujourd'hui que dans quelques milliards d'années le Soleil est susceptible de disparaître. C'est un fait, mais ce n'est pas pour autant que nous devons accélérer le cours des choses ! Or, à cause de nos erreurs, nous sommes à l'origine d'un réchauffement climatique sans précédent. C'est à présent un très grave problème, d'autant plus dangereux que la dégradation environnementale est invisible.

Sans qu'on la remarque, elle affecte nos poumons et notre respiration, nos yeux, si bien que nous ne prendrons peut-être la mesure de cette menace que lorsqu'il sera trop tard. C'est d'autant plus dramatique. Nous devons donc y prêter beaucoup plus d'attention.

Il ne s'agit pas d'une question de justice dont nous pourrions tout au plus discuter, mais bel et bien d'une affaire de pratique qui concerne chacun de nous. Voilà pourquoi réfléchir à l'environnement devrait faire partie de notre quotidien. Ma petite contribution toute bête pour cela est, par exemple, depuis quelques dizaines d'années, de ne jamais prendre de bain, mais de privilégier la douche. Quand bien même, prendre cette douche chaque jour, matin et soir, est déjà un grand luxe ! Lorsque je quitte une pièce, je n'oublie jamais d'éteindre la lumière. De petits gestes, comme trier ses déchets, permettent une contribution qui réduit indirectement le réchauffement climatique. Chacun doit agir de manière responsable pour le bien-être de notre planète, et donc de l'humanité.

Comment cette préoccupation est-elle liée à la compassion ? Face à l'immense responsabilité de préserver l'environnement, l'effort individuel peut sembler dérisoire. C'est loin d'être le cas, bien au contraire. Si une personne, puis dix, puis cent, puis mille, partagent cette même préoccupation, au final, elles changeront la donne. L'initiative se situe donc bel et bien au niveau individuel. J'appelle cela le sens de « la responsabilité globale », le souci du bien-être de sept milliards d'individus. C'est là que s'opère le lien avec la compassion. Elle est issue de l'alliance de la sollicitude pour autrui et de la préoccupation de soi-même.

En fait, on doit d'abord s'aimer soi-même. C'est tout à fait essentiel. Étendez ensuite cet amour à autrui : éduquez votre prochain, rassemblez le plus de monde autour de vous, et vous verrez votre action individuelle s'épanouir au sein d'un collectif immense et fort.

– 9 –

SAGESSE ANCIENNE ET PENSÉE MODERNE

Je pense qu'au niveau global, la génération qui est née avec le XXIᵉ siècle est celle sur qui repose presque toute la responsabilité de créer un monde nouveau et meilleur.

Au XXᵉ siècle, bien sûr, de grands progrès ont été réalisés dans les domaines technologique et scientifique. Cependant, ce siècle a aussi été celui du sang répandu et de la violence. Et depuis la Seconde Guerre mondiale, la peur règne en permanence, en particulier dans les pays européens. Bien qu'ils soient apparemment en paix, la peur reste inscrite au fond d'eux, ainsi que j'ai moi-même pu le constater lors d'une visite à la frontière de l'ex-Allemagne de l'Ouest.

Alors que nous faisons tous partie du même monde, grâce à la technologie, seuls certains d'entre nous ont acquis une immense puissance destructrice. Il m'arrive vraiment de penser que cette merveilleuse intelligence humaine est parfois utilisée à mauvais escient. Quoi qu'il en soit, comme nous avons tiré les leçons de situations malheureuses du siècle dernier, la jeune génération doit avoir une vision du monde différente. La paix dans le monde implique un monde de paix, et la paix ne tombe pas du ciel, pas plus qu'il ne suffit de le décider sur le papier. La paix dans le monde doit provenir de la paix intérieure. Comme je l'ai dit plus tôt, parfois les armes nucléaires ont une fonction dissuasive. Elles ont peut-être apporté une paix superficielle, mais seulement causée par la peur. Ce n'est pas la paix authentique. À présent, la question est de savoir comment développer la paix intérieure.

La paix intérieure, la sérénité par la médecine ? Non. Des tranquillisants, peut-être, mais seulement sur une courte durée. Ou par la drogue ? Non plus. Dans ce cas, l'éducation peut-elle apporter la sérénité ? Là encore, je n'en suis pas très sûr. Certains individus vraiment malfaisants – mentalement malfaisants – sont très intelligents, très instruits.

Mais ils utilisent leur cerveau à des fins destructrices. Alors je suis très avide de rencontrer la nouvelle génération dans différentes parties du monde. Quand je rencontre la jeunesse indienne, les foules indiennes, j'éprouve une émotion particulière. En fait, depuis que le bouddhisme a atteint le Tibet, toute la civilisation tibétaine s'est beaucoup enrichie et développée. Alors lorsque Morarji Desai est devenu Premier ministre, comme à mon habitude, j'ai écrit une lettre de félicitations. Et dans sa réponse, Morarji Babuji a déclaré que les civilisations tibétaine et indienne étaient deux branches de l'arbre de la Bodhi – elles avaient la même racine. D'habitude, je dis des Indiens qu'ils sont nos gourous. Nous sommes les *chelas* [disciples] du gourou indien. Alors quand je suis avec des Indiens, parfois j'ai l'impression de parler de choses que j'ai en grande partie apprises d'eux. J'éprouve un grand honneur. Et puis, Bombay est le cœur de l'économie indienne et est très importante. Je suis donc très heureux de cette opportunité.

Cela dit, comme je viens de le déclarer, le cours du temps ne s'arrête jamais. Et puis le monde – à cause du réchauffement climatique, de l'augmentation de la population et aussi de certains systèmes politiques – cause parfois aussi des problèmes. Sur le plan économique, le fossé entre les riches et les pauvres est également un grave problème. Malheureusement, en Inde même, ce fossé entre riches et pauvres demeure. Alors personne ne peut tenir pour acquis que notre avenir sera facile, sans problèmes. Non. Des problèmes se produiront forcément. Notre approche doit être réaliste pour tous les appréhender. Nous devons avoir une meilleure connaissance de la réalité. C'est seulement là que nous aurons des résultats satisfaisants. Si noble que soit votre objectif, si la méthode utilisée est irréaliste, vous ne l'atteindrez pas de manière satisfaisante. Pour avoir une approche réaliste, pour connaître pleinement la réalité, l'instruction a un rôle très important, parce que je crois que le but même de l'instruction est de réduire l'écart entre l'apparence et la réalité.

Mais il y a aussi un autre facteur. Je souligne généralement qu'afin de voir la réalité telle qu'elle est, nous devons la regarder objectivement. Même si ce que nous voulons est quelque chose de positif, de désirable, si nous considérons cet objectif avec attachement, on ne peut pas dire que ce soit la réalité.

Nous devons donc, par le biais du sens commun, essayer de réduire les émotions destructrices. C'est très faisable. Je vais vous faire part d'une étude. Selon l'ancienne tradition indienne, l'intelligence est le premier niveau de la connaissance. L'apprentissage, par la lecture, par les cours et par tout autre mode d'expression permet d'atteindre un certain niveau de connaissance. Cependant, ce n'est pas très stable. Vous apprenez quelque chose et vous développez certaines conceptions uniquement en imitant les autres. Mais il suffit que quelqu'un d'autre vous dise : « Non, c'est faux » pour que votre opinion change immédiatement. Le premier niveau de connaissance est très instable. Cependant, il a le rôle d'une fondation. Ensuite, nous avons besoin de contemplation.

Analysez par vous-même ce que vous apprenez des autres ou dans les livres. Quand un point particulier est mentionné par quelqu'un ou dans un livre, veillez à l'analyser et l'étudier. Développez ensuite le deuxième niveau de connaissance par le biais de votre analyse personnelle. Cette connaissance est beaucoup plus solide. Dès lors, si quelqu'un vous dit : « C'est faux », vous répondrez : « Non. J'ai

soigneusement étudié le sujet – c'est vrai. »
C'est donc une sorte de conviction. Le troisième niveau de connaissance impose de
ne pas rester au niveau intellectuel de la
compréhension, mais de vous familiariser
avec ce que vous apprenez, afin d'acquérir
une certaine expérience. La connaissance par
l'expérience, voilà quelque chose de vraiment
solide. Ensuite vient la sérénité. Là, je pense
qu'il y a deux méthodes pour y parvenir. L'une
consiste à considérer les choses que nous exa-
minons d'une manière plus holistique. Cela
veut dire que vous ne pouvez pas avoir une
vue d'ensemble en une seule dimension. Vous
devez l'étudier sous des angles différents ou
selon les six dimensions. C'est seulement ainsi
que vous aurez une image claire de la réalité.
Notre niveau mental connaît également des
hauts et des bas selon que nous considérons
des choses positives ou négatives. Si les choses
négatives sont presque absolues, il y aura trop
de hauts et de bas. Et si les choses positives
sont presque toujours absolues, là aussi il y
aura beaucoup de perturbations. En réalité,
il est impossible qu'une seule chose soit totalement positive ou totalement négative. Tout
événement est relatif. Alors comparez certains

autres facteurs – comparez ce qui est positif et ce qui est négatif. Comparez tout comme cela. Pour avoir une vision holistique, vous devez être capable de voir les différents aspects de la réalité – c'est ainsi que notre esprit peut devenir plus équilibré.

La deuxième chose qui est nécessaire pour avoir un esprit calme, c'est de faire preuve de générosité et de compassion, je n'insisterai jamais assez sur ces deux points.

Toutes les grandes religions nous enseignent cela, mais même sans aborder la religion, en utilisant le sens commun, l'expérience et les dernières découvertes scientifiques, nous pouvons en avoir la conviction. Nous pouvons développer une attitude d'altruisme infini envers les autres. Certains non-croyants sont prêts à sacrifier leur vie pour le bien des autres. Cela ne naît pas de la foi religieuse mais de la prise de conscience.

Désormais, à l'image de la tradition indienne, nous devrions promouvoir l'enseignement de l'éthique selon une vision laïque. L'Inde possède une sagesse ancestrale, et je ne parle pas de mysticisme. Je parle simplement

de l'*ahimsa*, la non-violence. C'est une tradition millénaire et les Indiens l'ont vraiment
dans le sang. Et grâce à cela, l'harmonie religieuse règne depuis mille ans dans ce pays.
L'*ahimsa* et l'harmonie religieuse sont les deux
choses que je considère comme les richesses
antiques de l'Inde. Où que j'aille, j'en parle
toujours et je me considère comme un messager de la pensée indienne ancienne.

En même temps, je parle aussi avec mon
patron indien – c'est ainsi que j'appelle les
Indiens que je considère comme des gourous,
dont nous sommes les *chelas*. Parfois, je dis
que nous ne sommes pas seulement les *chelas*
des gourous indiens, mais aussi des *chelas* très
fiables. La raison ? Au cours du dernier millénaire, la tradition nalanda a connu beaucoup
trop de hauts et de bas dans son pays natal.
Au cours de ces périodes, nous – les *chelas* –
avons conservé intacte cette tradition. Cela
veut donc dire que nous sommes très fiables
comme *chelas*. Quoi qu'il en soit, en tant que
chela et messager, je promeus très activement
la non-violence et l'harmonie religieuse. Mon
patron – mon gourou – doit venir et devrait
être plus actif dans la promotion de ces deux
choses. En particulier dans les universités ;

chaque étudiant devrait avoir une vision claire de cela, avoir conscience de notre richesse millénaire. Ensuite, l'Inde deviendra le plus grand pays démocratique – en population, mais aussi par sa stabilité.

Je crois qu'au début le Mahatma Gandhi et les autres combattants pour l'indépendance ont fait connaître l'*ahimsa* au reste du monde. Martin Luther King a suivi les traces du Mahatma Gandhi et lutté pour les droits civiques en Amérique. Aujourd'hui, même le président de ce pays est noir. Ce sont vraiment de grands changements. La femme de Martin Luther King m'a dit un jour que son mari était tellement séduit par le style de vie de Gandhi qu'il voulait même s'habiller comme lui. À mon avis, c'est un peu excessif. Et comme vous le savez, Nelson Mandela – le premier président d'Afrique du Sud après l'avènement de la démocratie – était lui aussi attiré par les principes de non-violence du Mahatma Gandhi.

Avec la non-violence et l'harmonie religieuse, je crois que les Indiens devraient prouver au reste du monde que différentes religions peuvent cohabiter pacifiquement, apprendre les unes des autres, dans un respect mutuel et en faisant preuve de sagesse de part et d'autre. Je crois que l'Inde peut montrer cela au reste du monde, même si des différends ont éclaté dans le pays au nom de la religion dans le passé et plus récemment. La jeunesse indienne, comme mon patron, mon gourou, doivent avoir un rôle plus actif dans ces domaines.

En même temps, dans ce pays, les discriminations sont aussi dues au système des castes et de la dot. Le statut différent pour l'homme et la femme et le système des castes font aussi partie de la tradition, mais ils sont démodés. Il faut changer cela. Il faut supprimer ces obstacles. Les jeunes Indiens doivent être actifs – je pense que c'est très, très important. Enfin, il faut accepter les critiques constructives des *chelas*. Parfois, on est un peu paresseux. On doit se donner plus de mal, être rempli d'assurance et travailler plus dur.

– 10 –

COMPASSION ET CORRUPTION

La corruption m'inquiète beaucoup. Le bonheur authentique repose sur l'honnêteté et de la vérité. Ceux qui estiment que plus on gagne d'argent grâce à des actions qui ne reposent pas sur une morale, plus on est satisfait, ont tort. C'est une réflexion extrêmement superficielle. Ces gens sont stupides et souffrent de courte vue. Les corrompus – qu'il s'agisse de chefs religieux, d'hommes d'affaires, de politiciens ou de gens qui exercent tout autre métier – sont en réalité faibles au fond d'eux-mêmes, et leur vie est remplie d'illusions. Ils ne peuvent pas agir en toute transparence parce qu'ils ont quelque chose à cacher ; à cause de cela, ils éprouvent toujours un sentiment de malaise. Comme je l'ai dit plus tôt, ils ne peuvent pas forger une véritable confiance et finissent par s'avilir.

Il y a des années de cela, le parlement de Delhi a élevé une statue à Gandhi. Au cours de la cérémonie d'inauguration à laquelle j'avais été invité, j'ai dit aux politiciens de se rappeler la franchise de Gandhi chaque fois qu'ils passeraient devant la statue. J'ai souvent dit à mes amis indiens que soixante ans après leur accès à l'indépendance, les dirigeants avaient besoin du même esprit que les combattants de la liberté. Eux aussi devaient être honnêtes, sans peur et désintéressés.

L'Inde est un pays démocratique doté d'un pouvoir judiciaire indépendant, ce qui en fait un pays paisible. À un séminaire auquel participaient de nombreux juges et avocats, je les ai taquinés en leur disant que si les gens rendant la justice faisaient preuve de malhonnêteté – y compris de la plus infime manière –, le pays courrait à la catastrophe.

Les médias ont, à mon sens, un rôle essentiel à jouer dans la lutte contre la corruption. Dans un pays démocratique, leur rôle prend plus d'importance car ils ont la responsabilité d'informer les gens de ce qui se passe autour d'eux. C'est pourquoi ils doivent préserver les valeurs humaines fondamentales, l'éthique laïque et l'harmonie religieuse.

Ils doivent également veiller à communiquer la vérité sur les politiciens, les travailleurs sociaux, les médias et les hommes d'affaires, tout en s'assurant qu'ils ne diffusent pas de fausses informations. La Chine, du fait de l'absence de médias indépendants, connaît un énorme problème de corruption, que les riches et puissants ont toute liberté d'exploiter. Les médias devraient enquêter de manière plus approfondie sur le monde et transmettre aux gens des informations d'une manière non biaisée.

Quand j'ai visité le Rajasthan, l'an dernier, un étudiant m'a demandé s'il était vrai qu'il fallait participer à la corruption, au risque de ne pas réussir dans la vie. Une telle idée concernant la corruption chez un esprit aussi jeune m'a beaucoup troublé. Quand j'étais à Bombay, c'est un homme d'affaires de mes amis qui m'a dit que sans la corruption il n'aurait jamais pu réussir en affaires. Dans des pays dénués de principes moraux, la corruption est plus compréhensible. Mais dans ce pays où il y a tant de croyants, il y a de quoi s'inquiéter.

Je taquine mes amis indiens parce qu'ils fleurissent leurs divinités et récitent des *shlokas* sans en comprendre le sens. Si vous êtes un véritable croyant, vous suivez les enseignements de votre dieu. Aucune religion ne prêche que vous devriez mener une vie de corruption, de mensonge, recourir au meurtre, au vol, etc. Toutes les grandes religions disent au contraire que l'on doit faire preuve d'amour, de compassion, d'honnêteté et d'indulgence. Je dis aux gens d'être clairs concernant leurs croyances. S'ils croient en une religion, ils doivent mener leur vie honnêtement. S'ils adorent l'argent, ils devront mener une vie corrompue et regretteront d'avoir acquis une mauvaise réputation parmi leurs pairs.

Il y a quelques jours, j'ai rencontré un religieux réfugié cubain qui m'a dit qu'il priait toujours Dieu d'envoyer tous les dictateurs au paradis, ce qui montrait qu'il avait encore un certain respect pour eux, puisqu'il voulait qu'ils aillent au paradis et non en enfer. J'ai toujours conseillé aux gens de suivre l'*ahimsa*, de travailler dur et de vivre honnêtement, ce qui leur apportera le respect de leur communauté et de leurs vrais amis. Si vous êtes hypocrite, il n'y aura pas de confiance entre amis et vous serez malheureux.

Je pense que pour conserver un organisme en bonne santé, il faut avoir un esprit serein et un cœur généreux. Avec un esprit serein et de l'assurance, un individu peut affronter tous les aléas de la vie. Un corps sain et un esprit sain vont de pair. Les médicaments à eux seuls ne suffisent pas. Les forces fondamentales dont tout le monde a besoin pour réussir sont les valeurs morales, le travail et une approche moderne dans tous les domaines. Les Indiens, que je connais tout particulièrement bien, peuvent par exemple apporter à leur pays une contribution significative grâce à leur acharnement, leur savoir et leur assurance, et en favoriser le développement national et international.

J'ai plus de soixante-dix-huit ans et je ne vivrai peut-être pas assez pour voir ces changements. Avec une vision saine et beaucoup de travail, tous ceux qui sont plus jeunes que moi pourront en savourer les résultats positifs. Même après ma mort, depuis le paradis ou l'enfer, je regarderai si vous mettez convenablement ces conseils en pratique.

– 11 –

LA PAIX PAR LA SÉRÉNITÉ

Quand je rencontre des gens, quelles que soient leur culture, leur religion, leur nationalité ou leur couleur, je souligne toujours qu'il est important de savoir qu'au niveau fondamental nous sommes le même être humain – mentalement, émotionnellement, physiquement. Et, surtout, que tout le monde – y compris les animaux et les insectes – aspire à vivre en paix, sans troubles, et a le droit d'avoir une vie heureuse et de réussir. Bien sûr, une institution éducative comme les universités où j'interviens régulièrement sont extrêmement importantes, parce que le cerveau humain a un grand potentiel d'acquisition du savoir et que les universités contribuent énormément à augmenter ce potentiel.

Le système éducatif moderne, d'après ce que je sais, a vu le jour au Moyen Âge, sur le continent européen. À cette époque, les institutions religieuses s'occupaient de l'aspect moral, spirituel et éthique de l'esprit. Elles se chargeaient de tout le spirituel. Et l'accent était mis aussi, je crois, sur les valeurs familiales. Donc, les institutions éducatives nouvellement fondées ne s'occupaient que du développement et de l'éducation du cerveau. Le temps a passé et l'influence de l'Église s'est amoindrie, ainsi que les valeurs familiales. En conséquence, l'institution éducative elle-même devrait maintenant s'occuper des deux aspects : la connaissance et la générosité. Or il semble que nous ne prêtions pas suffisamment attention au développement et à l'entretien d'un esprit humain compatissant.

Nous sommes au début du XXIe siècle. D'un point de vue général, j'estime que la situation matérielle moderne et l'enseignement actuel sont extrêmement développés. Cependant, cela ne diminue pas forcément le problème humain. Par exemple, dans l'Histoire, je crois que le XXe siècle a été le plus important. Au cours de cette période, beaucoup d'inventions et d'innovations ont vu le jour, principalement dans les domaines scientifique et technologique. Et du côté de l'économie et de l'éducation, il y a eu aussi beaucoup d'améliorations.

Cependant, selon certains historiens, dans la même période, le nombre d'êtres humains ayant connu une mort violente ou été tués au cours de guerres – même des guerres civiles – est d'environ deux cents millions. Je pense que c'est au XXᵉ siècle qu'il y a eu le plus de morts violentes de tous les temps. Et je pense aussi que c'est à cause des progrès scientifiques et technologiques que les armes nucléaires ont été développées et que, malheureusement, durant la Seconde Guerre mondiale, deux bombes de ce type ont été lancées sur des êtres humains.

J'ai eu l'occasion de visiter Hiroshima et Nagasaki. Lors de ma dernière visite, quand je suis arrivé au point d'impact de l'explosion, j'ai vu qu'avait été créé un petit musée sur ce lieu affreux. À l'intérieur, j'ai été interpellé par une montre brûlée dont les aiguilles s'étaient arrêtées sur 10 heures du matin ainsi que par un tas d'aiguilles fondues. Quelle image édifiante de la vie suspendue ! J'ai aussi rencontré des gens âgés qui étaient tombés malades à cause des radiations. Cette arme immensément destructrice a apporté encore plus de peur et d'angoisse sur cette planète – les exploits vraiment merveilleux du cerveau

humain augmentent la peur dans le monde !
Alors, qu'est-ce qui est mauvais ? Le savoir ?
Oh, le savoir est merveilleux. Seulement
j'ai peur que les principes moraux en soient
absents. Par conséquent, en raison de notre
expérience du passé, je crois que le moment
est venu de réfléchir à la manière de cultiver
et d'entretenir une éthique, un ensemble de
principes moraux sensés.

En tant qu'animaux sociaux, nous avons vraiment besoin de coopérer. Mais la coopération
authentique ne peut se développer par la
force, l'argent ou le pouvoir : elle est entièrement fondée sur l'amitié. L'amitié repose sur
la confiance, et la confiance sur la sincérité.
Si vous considérez l'autre sincèrement et
honnêtement, si vous parlez et agissez honnêtement et franchement, la confiance naît.
La confiance engendre l'amitié ; et l'amitié apporte une véritable harmonie et une
authentique coopération. Je pense que l'élément fondamental pour que s'épanouissent la
sincérité et la confiance est la générosité.

Si vous considérez que les autres, tout comme
vous, désirent le bonheur et ne veulent pas
souffrir, vous verrez qu'il est illogique de faire
du mal, de tricher ou de mentir. Si quelqu'un

vous ment, vous vous sentez mal à l'aise. Alors, d'après notre propre expérience, nous devons éviter toute action mentale, verbale et physique qui provoque la peur ou le malaise chez autrui, ou bien qui lui cause du tort. C'est immoral. Les actions physiques, mentales et verbales qui apportent le bonheur et la joie – pas temporairement, mais sur le long terme –, celles-là sont morales.

Cela dit, le fait est que, par nature, nous avons tous un potentiel de générosité, parce que nous sommes tous nés d'une mère, et que tous nous avons bénéficié de son immense affection. Nous avons tous vécu la même chose. C'est très, très important. Recevoir une immense affection dès le plus jeune âge conditionne la vie entière. Voyons mon expérience personnelle : je viens d'une région très reculée, la partie nord-est du Tibet. Mon village, en particulier, était très isolé, et nous habitions dans une ferme. Mes parents étaient illettrés ; cependant, ma mère était très affectueuse et très bonne. En conséquence, nous, ses enfants, nous avons grandi dans cette atmosphère. Je crois que cela a vraiment eu un énorme impact : je pense réellement que ma générosité m'est en partie venue de ma mère.

Bien sûr, si nous étudions attentivement chaque individu, ceux qui paraissent instruits sont intelligents. Mais à un niveau plus profond, ceux qui ont reçu le maximum d'affection de leur mère durant leur plus jeune âge sont plus calmes et moins craintifs – ils ont un sentiment de sécurité. Quelqu'un peut être très sage, instruit ou célèbre, s'il a reçu moins d'affection ou a été maltraité, au fond de lui siège une grande insécurité. De tels individus ont du mal à témoigner aux autres une véritable affection. Toute leur vie, au fond d'eux-mêmes, ils ont un sentiment de solitude, ils sont désarmés. C'est notre expérience commune. Nous avons tous le potentiel de générosité que nous avons reçu de notre mère et de nos amis. Ensuite, évidemment, nous observons les gens ou les membres de notre famille. Les familles qui sont pleines d'affection et d'amitié sont très heureuses, même si elles ne sont pas très riches. Il y a des familles qui sont très riches et puissantes, mais entre leurs membres règnent le soupçon et la rivalité, et ils ne se témoignent ni véritable affection ni confiance. En termes de bonheur ou de satisfaction, ils sont beaucoup moins bien lotis. C'est tout à fait évident.

Dans une certaine mesure, je peux aussi vous dire ceci d'après mon expérience personnelle. Je pense que mon état mental est comparativement tout à fait serein. Même quand je traverse des périodes difficiles, mon esprit reste calme. Pas parce qu'il s'obscurcit – je crois que j'ai l'esprit tout à fait vif – mais parce que tout au fond j'ai de l'affection et de la sollicitude pour les autres. Et je considère aussi les autres comme mes frères et mes sœurs. Ils ont peut-être des opinions et des intérêts différents, mais ils restent des êtres humains. Ce genre d'attitude aide vraiment à garder sa sérénité, ce qui contribue beaucoup à rester en bonne santé. Parfois, on dit « esprit sain, corps sain ». Car on ne doit pas seulement s'occuper d'avoir un corps sain. L'argent, les possessions et l'éducation ont surtout à voir avec la richesse matérielle, ce qui n'est pas convenable. Il doit aussi exister un projet d'étude de notre esprit et de la manière de traiter les émotions destructrices.

– 12 –

ARGENT ET BONHEUR

Nous avons besoin d'argent. Toute la question est de savoir comment l'utiliser.

Dans le monde entier, le fossé entre les pauvres et les riches est immense. Il faudrait s'attacher à combler ce fossé au niveau national et mondial. Les riches devraient offrir aux pauvres instruction et formation technique. Il y a quelque temps, je suis retourné dans une ville indienne où je m'étais rendu il y a vingt ans, époque à laquelle les habitants avaient exprimé leur désir de pouvoir se développer. Pour les aider à réaliser leur projet, je leur avais fait une donation de cent millions de roupies et l'État les avait en partie financés. Lorsque je suis arrivé, j'ai eu le bonheur de constater que les gens avaient acquis des compétences et vivaient tout à fait paisiblement.

L'argent doit être utilisé avec sagesse, sous peine que la valeur mercantile, matérielle, l'emporte sur la valeur humaine. Quelle que soit notre richesse, nous ne devons jamais devenir les esclaves de l'argent. Il faut toujours garder à l'esprit qu'il y a une limite à la valeur économique et que c'est en nous que nous puiserons l'énergie qui nous permettra de trouver la paix intérieure.

La technologie et la science nous ont beaucoup aidés à vivre mieux et plus confortablement, mais il serait illusoire d'attendre d'elles la paix et le bonheur : comment oublier qu'elles peuvent aussi être des forces destructrices capables de faire des milliers, des millions de victimes ? Voilà pourquoi il est essentiel de privilégier les valeurs intérieures.

Les professions de professeur ou d'infirmier sont de magnifiques métiers, utiles et tournés vers les autres, qu'ils aident de manière concrète. Ils sont à l'origine de ce que j'appelle des actions compatissantes. C'est absolument merveilleux. Cela ne m'empêche toutefois pas d'être conscient du fait que, dans notre société moderne, nous avons aussi besoin du monde de l'entreprise. Les hommes d'affaires, les financiers font partie intégrante de la société, mais cet univers manque encore cruellement de personnes expérimentées et sages, comme on a malheureusement pu le voir à travers la crise mondiale générée par des spéculateurs peu scrupuleux... Nous avons besoin de changements fondamentaux si nous ne voulons pas voir le monde de la finance et donc l'économie mondiale s'effondrer !

Cela étant, en Occident, je constate que certains spécialistes de l'éducation commencent vraiment à remettre en question le bien-fondé d'un système tourné vers la réussite matérielle et financière au profit d'un système plus soucieux de l'humain. Il y a encore une dizaine d'années, le nombre de personnes qui, parmi les hommes d'affaires, faisaient montre d'un intérêt pour la spiritualité ou la paix intérieure était pour le moins faible. Aujourd'hui, on assiste au mouvement inverse. Et de temps en temps, il m'arrive même d'être invité à des conférences pour parler des valeurs intérieures aux hommes d'affaires !

L'enjeu de ce siècle est que les hommes d'affaires retrouvent le bien-être fondamental de la société comme objectif premier, et y participent en accordant par exemple plus d'attention au système éducatif et à la situation économique des zones rurales ou défavorisées. Pour les aider à garder cette ligne, les médias devront savoir les sensibiliser et leur rappeler de temps en temps que tout riches qu'ils sont, en tant qu'êtres humains, ils peuvent aussi tomber malades et connaître la souffrance, qu'ils vont vieillir et mourir un jour. Si riche que soit un milliardaire à sa mort, son argent ne l'accompagnera pas dans ce dernier voyage...

La société humaine a besoin d'individus et de métiers diversifiés. Mais ici, chaque action humaine, qu'elle soit destructrice ou constructive, repose en dernier ressort sur la motivation. Gagnez de l'argent, mais ne le mettez jamais au service d'une motivation égocentrique et de la cupidité, gagnez-en pour penser aussi au monde et aux pauvres. Il y a beaucoup de nécessiteux en Afrique. Nombreux sont ceux qui souffrent de la famine. Des gens comme nous. Les mêmes êtres humains que nous. Eux aussi ont le droit de survivre. Et pas seulement de survivre, mais de vivre heureux.

L'argent doit permettre de combler ce fossé et de financer l'éducation. Alors, les classes les plus pauvres, au lieu de connaître frustration et colère, travailleront avec acharnement pour s'instruire, se former, parce qu'elles auront de l'assurance. Nous sommes le même être humain, nous veillons les uns sur les autres, nous devons travailler dur et nous former. Continuer avec une motivation sincère et une vision globale. Je crois que c'est très possible.

– 13 –

Espoir pour un monde pacifique

Je suis très heureux de rencontrer des jeunes gens lors de mes conférences. Pour les personnes de ma génération, qui appartiennent à un siècle révolu, ils incarnent l'avenir et l'espoir pour le siècle qui débute. Au cours du XXe siècle, nous avons assisté à des effusions de sang et à un déferlement de violence. Selon certains historiens, plus de deux cents millions d'êtres humains ont connu une mort violente. C'est seulement à la fin du siècle qu'est né un désir de paix et de non-violence. Il y a un phénomène de lassitude concernant la violence. Je pense que le monde s'améliore et que je ne suis pas le seul à le constater. En 1996, j'ai eu l'occasion d'obtenir une audience auprès de feu la reine mère d'Angleterre. Elle avait alors quatre-vingt-seize ans. Étant née avec le siècle,

181

elle a presque pu l'observer du début à la fin. À l'époque, je lui ai demandé : « Puisque vous avez été témoin de tout un siècle, pensez-vous que le monde devient meilleur ou pire, ou qu'il n'a pas changé ? » Sans hésitation, elle m'a répondu qu'il s'améliorait. Quand elle était jeune, les concepts de droits de l'homme ou d'autodétermination n'existaient pas. De nos jours, ils sont universels. Elle m'a donné ces deux exemples comme preuves que le monde s'améliorait.

Le peuple japonais a une expérience unique : durant la Seconde Guerre mondiale, il a immensément souffert. Deux bombes nucléaires ont été lancées sur le peuple japonais à Hiroshima et Nagasaki. C'est donc un peuple qui doit mener le monde vers la paix et lutter contre la guerre, en particulier contre les armes nucléaires. Les jeunes de vingt, trente ans et moins sont le peuple du XXIe siècle. Ce nouveau siècle n'a que dix ans et il en reste encore quatre-vingt-dix autres. Ce qu'il sera dépend beaucoup des jeunes générations, et plus particulièrement du peuple japonais.

Dans certaines parties du monde, on considère que l'humanité est fondamentalement d'une nature négative. Que la violence fait partie de la nature humaine et que le monde est donc condamné. Je pense que c'est totalement erroné. En Inde, il y a encore des poches de violence, mais si vous regardez d'un point de vue général, un milliard d'êtres humains y vivent pacifiquement. Le XXe siècle a vu beaucoup de souffrances, mais nous autres êtres humains devenons plus matures. Il y a eu un grand changement dans la manière de percevoir la guerre entre le début et la fin du siècle.

C'est également le cas sur les questions d'environnement. Au début du XXe siècle, personne ne se souciait de l'environnement ni n'en avait même conscience. À l'époque, les gens aimaient simplement tout consommer, sans avoir conscience que les principales ressources naturelles n'étaient pas illimités. À présent, beaucoup de gens s'inquiètent sincèrement pour l'environnement. C'est merveilleux. Il y a même des partis politiques verts. Un jour, j'ai rencontré les membres du parti vert de Nouvelle-Zélande, et je leur ai dit pour rire que si je restais dans leur pays, je rejoindrais leur parti.

Au début du XXe siècle, concernant la spiritualité, les gens ne parlaient que de développement matériel. À la fin du siècle, ils ont commencé à sentir qu'il y a une limite à la valeur matérielle et qu'en définitive c'est la sérénité qui est essentielle. Les gens ont pris conscience de l'importance de la sérénité. Qu'ils soient croyants ou non, ils sont de plus en plus nombreux à parler de la valeur de la spiritualité, à y réfléchir. Ce sont d'après moi des signes d'une plus grande maturité. Je pense que les scientifiques s'intéressent aussi davantage à l'esprit. Avant, ils n'étudiaient que les sciences exactes, ce que nous pouvons mesurer ou calculer. L'esprit et les émotions sont quelque chose de différent. Maintenant que la science progresse plus lentement, les chercheurs éprouvent un intérêt pour la conscience – la relation entre le cerveau et l'esprit.

Je pense aussi que l'expérience de l'éducation a immensément contribué à élargir et même à ouvrir les esprits, à nous apprendre à avoir une vision plus holistique. Et puis il y a le mot « compassion ». Auparavant, dans les discours politiques, je crois qu'il n'était jamais question de compassion. Je me rappelle l'une des déclarations de madame Thatcher, à la fin du XXe siècle, où elle parlait de compassion et de non-violence.

En outre, au début du XXe siècle, plusieurs monarchies ont disparu. On a assisté à de grands changements en l'espace d'un seul siècle. D'un point de vue global, l'humanité devient plus mature et réaliste, et les choses sont donc en train de s'améliorer.

Comme je l'ai déjà spécifié, je suis né en 1935, juste avant la Seconde Guerre mondiale. L'Allemagne nazie se développait, suivie par Mussolini en Italie avec ce que l'on appelait le Parti fasciste. Après la Seconde Guerre, il y a eu la guerre de Corée, puis la guerre du Vietnam, etc. –, il semble donc que durant la première partie de ma vie, il n'ait été question que de guerres. Et cette immense violence n'a pas réussi à résoudre le problème humain : en fait, elle n'a fait que s'y superposer. La guerre, à mon avis, utilise la violence au maximum et au lieu de résoudre les problèmes, elle sème les graines de problèmes supplémentaires. Cela dit, malheureusement, le début du XXIe siècle a été exactement pareil. L'intervention du président Bush était bonne – le but, qui était d'instaurer la démocratie en Irak, était bon – mais la méthode a été violente et elle a eu des conséquences inattendues. Ces derniers temps, j'ai l'impression que l'humanité devient plus mature et réaliste. Grâce à notre expérience personnelle, nous accordons plus d'attention à certains domaines que nous négligions jusque-là. Personne ne sait ce qu'il adviendra de l'humanité dans quelques millénaires, mais je pense que durant quelques siècles au moins l'humanité et notre planète seront plus pacifiques, plus compatissantes et plus heureuses.

C'est possible. Seulement cela repose entièrement sur nos efforts personnels et sur la clarté de notre vision. Ensuite, aussi, je peux dire que durant la Seconde Guerre mondiale puis durant la guerre froide, les nations ont rivalisé dans la course à l'armement nucléaire. Mais à la fin du siècle, les grandes nations – principalement les États-Unis et la Fédération de Russie – ont sérieusement parlé de réduire leur stock de têtes nucléaires, pour finir par une interdiction complète de prolifération des armes nucléaires. Si ce genre de climat s'instaure, un monde meilleur est vraiment possible. Je ne suis qu'un être humain parmi sept milliards. Je crois toujours que chacun a le devoir de penser au reste du monde. Je suis tibétain, mais nous faisons partie des sept milliards d'êtres humains et nous devons donc penser à tous les autres, au monde entier.

Dans les temps anciens – je pense aux XVIIIe et XIXe siècles – les nations étaient plus ou moins indépendantes les unes des autres. Elles étaient pour ainsi dire autosuffisantes. Aujourd'hui, ce genre de situation a totalement changé. Même l'Irak est une nation puissante – mais son avenir dépend du reste du monde. Et regardez l'esprit de l'Union européenne.

Au cours du XXe siècle, ces petits pays ont lutté pour leur souveraineté. Les peuples de chaque nation étaient prêts à se sacrifier pour sauver leur souveraineté. À présent, ils comprennent que leur intérêt commun est plus important que l'intérêt individuel. En conséquence, l'Union européenne a créé l'euro. Le deutsche Mark allemand était une devise très forte, mais l'Allemagne était disposée à la sacrifier pour la monnaie commune. La lire italienne, comme le yen japonais, n'avait pas beaucoup de valeur. Ces évolutions sont un signe clair que les gens sont plus inquiets et qu'à présent ils comprennent qu'un intérêt commun compte plus qu'un intérêt égoïste. C'est très important.

Cela dit, le sommet de Copenhague sur le réchauffement climatique n'a pas débouché sur des résultats concrets. Pourquoi ? Certaines nations font passer leurs intérêts avant ceux de la planète. Voilà pourquoi le sommet de Copenhague a échoué. Certaines jeunes nations estiment encore que les intérêts nationaux sont plus importants que ceux de la planète. Mais dans le monde, globalement, les choses changent. En conséquence – en tant qu'être humain parmi ces sept milliards, conscient de mes responsabilités –, j'ai deux engagements. Le premier est de promouvoir la valeur intérieure, le souci du bien-être d'autrui. La vie de l'individu dépend des autres membres de la communauté et par conséquent, émotionnellement, il y a quelque chose qui nous réunit, qui nous rend capables d'affection et de compassion.

Partout où je vais, je m'efforce de bien le faire comprendre. L'argent est important, mais cette espèce de richesse intérieure est plus importante que la richesse extérieure. C'est mon engagement numéro un.

Le deuxième, c'est ceci : je suis bouddhiste. Toutes les principales religions, malgré différentes philosophies, ont le même potentiel et aussi le même message – un message d'amour, de compassion, d'indulgence, de tolérance et d'autodiscipline. Par conséquent, toutes les traditions religieuses ont le même potentiel pour aider l'humanité et mettre en avant ces valeurs humaines intérieures. Des approches et des philosophies différentes sont nécessaires quand on désire avoir un impact ou une influence sur des groupes de gens différents, selon leur sensibilité. Une seule philosophie ne suffit pas – nous avons besoin de philosophies et d'approches diverses. C'est plus efficace pour toucher le plus grand nombre, du moment que l'objectif de base est le même : essayer d'être un individu plus compatissant et sincère. Sincérité et compassion sont les objectifs de toutes les principales traditions religieuses. Pour y parvenir, il faut recourir à différentes méthodes. Au sein du bouddhisme en lui-même, il y a plusieurs philosophies et conceptions de la réalité. Le Bouddha lui-même a prêché des philosophies différentes et même contradictoires. Pourquoi ? Parce que parmi ses disciples, il y avait des gens et des sensibilités très différents. Une seule vision philosophique ne suffisait pas pour s'adresser à une telle diversité d'individus. Donc, évidemment, nous avons besoin de plusieurs approches. Mais ces différences sont seulement superficielles. L'essence est la même : apporter la paix intérieure. Il y a un socle commun et un objectif commun, qui peut être utilisé pour instaurer une relation plus étroite entre les traditions religieuses. Et je pense que de fait il y a plus d'harmonie entre les religions. Le pape Jean-Paul II, quand il a organisé le sommet d'Assise, avait invité les chefs de différents courants chrétiens et quelques chefs religieux bouddhistes, hindouistes et musulmans à parler d'une seule voix de paix et de spiritualité, afin de promouvoir une meilleure compréhension des uns et des autres. L'idée d'une seule vérité, une seule religion, laisse progressivement la place à plusieurs vérités, plusieurs religions. Je crois que le terme utilisé par le Vatican était celui de « pluralisme », il semble donc que ce concept fasse son chemin. Ce sont là, à mon avis, des signes de progrès et de civilisation.

– 14 –

Progrès technologiques, médias et bonheur

Je pense qu'Internet est l'un des moyens de communication les plus avancés. Et je pense, fondamentalement, que pour développer l'esprit humain de la manière la plus complète, nous avons besoin de beaucoup d'informations. Une mise en garde toutefois : face au danger que représente l'information partiale et partielle, il nous faut multiplier les sources d'information. Cela nous donne la possibilité de nous renseigner par nous-mêmes. Aujourd'hui, à l'ère de l'information, Internet est un outil fantastique grâce auquel s'opèrent bon nombre de changements positifs dans le monde.

L'information, qui donne accès à une image plus claire du monde, est d'une immense aide. Je dis toujours lorsque je rencontre la presse que les gens des médias devraient être dotés de longues trompes, comme les éléphants, pour sentir ce qui est devant et derrière eux, afin d'appréhender les événements dans leur globalité. C'est essentiel. Les journalistes doivent enquêter de manière exhaustive, puis informer le public, à condition de le faire honnêtement, sincèrement, de manière objective et non biaisée. C'est d'autant plus important dans une société démocratique que les médias en sont le quatrième pouvoir.

Les nouvelles technologies et la diffusion de l'information sont vraiment merveilleuses, à condition bien sûr de ne pas les exploiter à mauvais escient ! Tant que vous vous en servez honnêtement, éthiquement, sincèrement et de manière transparente, l'accès à l'information démultipliée et généralisée offre une magnifique ouverture (ou fenêtre) sur le monde et la connaissance !

– 15 –

PAIX ET COMPASSION

Quand je constate qu'un grand nombre de personnes viennent assister à mes conférences, je précise toujours très clairement qu'il n'y a aucun mal à venir par simple curiosité. Peut-être que certaines gens viennent ici voir ce que le Dalaï-Lama a à dire. Là non plus, il n'y a aucun problème, c'est très bien. Quand je m'exprime en public, en particulier à propos du Tibet, je suis honnête. Je parle de justice. Alors quiconque désire en savoir plus sur ce que pense le Dalaï-Lama est également tout à fait bienvenu.

Mais certains viennent aussi en croyant que le Dalaï-Lama possède une sorte de pouvoir miraculeux. Ce genre d'attitude est dangereux. Je n'ai aucun pouvoir particulier – rien ! Si j'avais vraiment des pouvoirs miraculeux, je n'aurais peut-être pas eu tant de problèmes. Mais évidemment, j'en affronte beaucoup – pas des problèmes personnels, mais ceux qui sont inhérents au titre et aux responsabilités de Dalaï-Lama. Je suis simplement un individu ordinaire. À cause de cela, j'ai quelques problèmes, qui sont parfois superflus.

Et puis il y a autre chose. Certaines personnes viennent me voir en croyant que le Dalaï-Lama a le pouvoir de guérir. C'est ridicule. Pour commencer, bien sûr, je ne crois pas à de tels pouvoirs. Il est impossible de guérir un malade rien qu'en le touchant. Si des gens possèdent véritablement un tel pouvoir, je tiens à les rencontrer car, voyez-vous, j'ai mal à un petit doigt. Un jour, en Amérique, j'ai rencontré un Mongol auquel j'ai serré la main comme il se doit, mais cet homme ne m'a pas lâché et mon pauvre petit doigt en souffre encore.

Il est évident que tout le monde – qu'on soit occidental ou oriental, riche ou pauvre, instruit ou pas, croyant ou non – veut mener une vie heureuse. Et je crois même que tout le monde veut faire des rêves agréables. Dans nos rêves, nous aspirons à une vie heureuse. Si quelqu'un a vraiment perdu espoir, cet état d'esprit suffit à diminuer son espérance de vie. Dans le pire des cas, il peut même aller jusqu'à se suicider. Par conséquent, bien qu'il n'y ait aucune garantie de bonheur ou de vie heureuse, nous vivons en nous nourrissant d'espoir. L'espoir correspond à quelque chose de bon. Notre survie repose sur l'espoir de mener une vie heureuse.

Nous croyons généralement qu'une vie heureuse et confortable s'obtient grâce aux biens matériels. Or nous sommes issus d'une société, d'une communauté ou d'une génération où les biens matériels manquaient. Alors nous avons tendance à ne penser qu'à en acquérir, à vouloir toujours plus d'argent. Tout comme la préoccupation de quelqu'un qui a faim est uniquement la recherche de nourriture. Mais à présent, il semble que les gens issus de familles ou de sociétés aisées disposant de tout ce qu'il leur faut commencent à sentir les limites de la valeur matérielle. C'est tout à fait naturel. Les biens matériels ne peuvent offrir de réconfort qu'au niveau physique.

Comment pouvons-nous bâtir une société heureuse ? Uniquement grâce à la loi, à l'argent ? Une société heureuse doit être construite de l'intérieur. Étant donné qu'une communauté ou une société sont constituées de la réunion de personnes, je pense qu'il faut d'abord créer des familles heureuses. Dix familles, cent, puis mille comme cela, c'est ainsi qu'une communauté heureuse peut se développer.

Quand bien même il resterait quelques individus perturbateurs, ceux-ci peuvent être isolés afin de ne pas compromettre le bonheur, la confiance et l'amitié sincère qui règnent au sein de la société. Afin de créer une famille heureuse et compatissante, d'abord, la compassion doit venir de l'individu. Quand nous parlons d'un monde plus heureux et plus pacifique, je crois que l'initiative doit partir de l'individu. Bien sûr, beaucoup le savent. Chacun de nous possède un peu de ce potentiel à créer un monde heureux.

Le bonheur et l'avenir d'un individu reposent sur le reste du monde. Prenons mon cas personnel : je suis un individu, un être humain parmi sept milliards d'autres. Et mon avenir dépend du bien-être de sept milliards d'êtres humains. Si le reste de l'humanité affronte des difficultés, il y aura plus de violence, et j'éprouverai forcément une peur permanente. Et si ma tranquillité d'esprit est en danger, il me sera difficile d'avoir une vie heureuse.

De plus, dans le monde d'aujourd'hui, il y a une nouvelle réalité. Les économies sont fortement interdépendantes. Il y a le problème de l'environnement. Ce sont des difficultés à l'échelle mondiale, universelle. Alors, au sein de cette nouvelle réalité, le concept d'un individu seul, ou le fait de penser sur le mode du « moi », « ma génération », n'est plus réaliste. Selon cette nouvelle réalité, les mots « nous » et « eux » ne sont plus pertinents. Le reste du monde est en fait une partie de vous-même. Alors, selon cette réalité, nous devons nous préoccuper, sincèrement, du monde entier, de l'humanité.

Ensuite, il y a le sujet de la paix dans le monde. La paix dans le monde naît automatiquement de la paix intérieure. Si, à l'intérieur, vous êtes plein de haine, de soupçon et de méfiance, il est impossible de faire naître la paix. La paix doit donc provenir de l'intérieur.

Haine, soupçon, méfiance – ce sont des états, des sentiments violents. Afin de créer la paix intérieure, nous devons instaurer le désarmement. Grâce au désarmement intérieur, il est vraiment possible de parvenir au désarmement extérieur que j'ai précédemment défini. C'est logique. Cause et effet, cause et effet.

Chaque action humaine positive ou négative est reliée à nos émotions et motivations. Par conséquent, afin de parvenir à une paix mondiale authentique et durable, avant tout, nous devons nous occuper de la paix intérieure de l'individu. À mon avis, c'est important. Cela dit, les éléments les plus importants sont la sollicitude, le sens de la responsabilité, et le sens de la communauté. Pour moi, ce sont des facteurs clés.

Vient ensuite la question de la compassion ou de l'affection. L'affection n'a rien de nouveau pour nous. Dès la naissance, nous recevons un maximum d'affection de notre mère : et c'est grâce à elle que nous survivons. Alors nous grandissons et notre vie commence dans une atmosphère d'affection ou de compassion. C'est ainsi. L'affection est je pense un produit physique, un produit biologique. Cependant, si nous poussons l'analyse, l'affection ou la compassion qui proviennent principalement d'un phénomène biologique est biaisée et limitée. Ce genre de compassion biaisée ne peut pas être accordé à un inconnu, parce que son comportement envers vous n'est ni positif ni négatif – il est neutre. Une attitude affectueuse est alors difficile. De plus, en particulier avec un ennemi, étant donné qu'il a un comportement qui vous nuit, il n'y a pas de base pour la compassion. Seulement, si nous considérons que nous sommes des animaux sociaux – en particulier dans le contexte actuel où tout est interdépendant, d'un point de vue médical aussi –, nous réalisons qu'une générosité pleine de compassion est bonne pour la santé.

Ensuite, il y a le développement de la compassion. La colère est mauvaise pour la santé, très mauvaise. Elle est également mauvaise pour les relations avec vos amis. Et au niveau national, dans tous les domaines, la colère et la haine sont mauvaises. Alors on doit délibérément s'efforcer de réduire ces émotions négatives et essayer d'augmenter les émotions positives. Ensuite, compassion ou affection peuvent découler des deux.

Cela dit, il est illogique d'affirmer que l'on doit accorder sa compassion à son ennemi, parce qu'un ennemi vous fait du mal. Nous devons aborder la question autrement. En d'autres termes, alors que votre ennemi vous fait directement du mal, il n'en fait pas moins aussi partie de l'humanité. Donc, votre avenir est en quelque sorte lié au sien. Si, à cause de son comportement, vous vous laissez aller à vous fâcher contre lui, c'est mauvais pour votre santé. Il vaut mieux garder une attitude positive à son égard. Et à long terme, si vous gardez cette affection, votre ennemi d'aujourd'hui peut devenir votre ami demain. En revanche, si vous campez sur vos positions négatives, vous fermez la porte à la possibilité de devenir son ami. En utilisant ce genre de raisonnement, vous pouvez vous détacher du comportement de votre ennemi.

Prenons mon cas personnel. J'ai une certaine compassion. Elle est née non pas de mon maître bouddhiste, mais de ma mère. Ma mère, comme je l'ai déjà mentionné, était très gentille. C'était une paysanne illettrée – une villageoise – mais quelqu'un de très, très généreux. Ma mère était pleine de compassion. Quand j'étais très jeune – un an ou deux –, ma mère me portait sur ses épaules, comme cela arrive à tous les enfants. Et parfois, je la maltraitais. Je m'agrippais à ses oreilles pour lui indiquer où je voulais aller. Si ma mère allait dans une direction qui ne me convenait pas, je pleurais. Moi, ce tout-petit, j'étais plus agressif que ma mère. C'est très mal. Mais ma mère était vraiment très gentille. J'ai toujours pensé que la compassion que j'ai en moi a été semée par ma mère. Tout le monde a une mère. Donc, la compassion est quelque chose d'important et tout le monde en a le potentiel dès la naissance. Tout dépend si on y prête attention et si l'on fait des efforts ou non. Mais tout le monde a ce potentiel. Un autre aspect de la compassion, c'est qu'une attitude plus compatissante implique qu'au fond de soi il y ait de l'assurance. Ce qui signifie qu'au fond de vous, vous avez de la force.

Beaucoup de haine et de colère s'accompagne d'un peu d'incertitude. Le fait d'éprouver de la compassion signifie que l'on ne pense pas seulement à soi, mais qu'on pense aux autres, qu'on veille sur eux. Un comportement égocentrique montre au contraire que l'on ne pense pas aux autres, mais seulement à soi – ce qui est générateur d'angoisse. La compassion apporte une force intérieure. La force intérieure apporte un esprit calme. Un esprit calme est un facteur très important pour le fonctionnement du cerveau. Alors que la peur est très nocive. La colère aussi. Comme notre vie est très compliquée, nous avons besoin d'analyser les choses clairement. Si nous ne connaissons pas la réalité, si nous ne l'analysons pas, nous ne pouvons pas la voir. Et alors, toutes nos actions deviennent irréalistes.

Par exemple, si un moustique apparaît, il n'y a pas tellement besoin d'analyser la situation. Si vous avez faim, vous n'avez pas besoin d'analyser, il vous suffit de penser à la nourriture. Quand vous avez faim, en effet, nul besoin de recourir à des analyses compliquées, comme vous demander si votre faim sera satisfaite avec la première cuillerée, la deuxième ou la troisième, etc. Ou de quelles molécules cette nourriture est faite. Ou encore ce qui entre dans votre ventre... Vous n'avez pas besoin de tout cela, il vous suffit de manger. Mais en revanche, voyez-vous, pour des actions plus compliquées, nous avons besoin d'une compréhension claire, d'une conscience claire de la réalité de nos objectifs. Alors, pour connaître la réalité, nous devons l'étudier selon différents angles et directions. Une seule dimension ne suffit pas.

L'un de mes amis scientifiques m'a dit un jour que lorsqu'on développait de la colère, l'objet de cette colère semblait négatif. Environ quatre-vingt-dix pour cent de cette négativité sont en réalité une projection mentale. C'est ce qu'affirment non pas les textes religieux mais bien des scientifiques. Les textes bouddhistes mentionnent cependant quelque chose du même genre. Si votre esprit est agité, vous ne pouvez pas voir la réalité, parce que votre agitation a été provoquée par un seul aspect de l'objet, alors qu'il a aussi d'autres aspects.

Voici un exemple. Nous avons perdu notre pays il y a plus de cinquante ans. Si je considère seulement cet aspect des choses, ma tristesse augmente. Mais si je regarde le même événement sous un autre angle, je vois que perdre notre pays nous a donné l'occasion de connaître des gens différents. Et moi, en particulier, j'ai trouvé très intéressant de faire la connaissance de scientifiques. Rencontrer des gens de confessions religieuses différentes m'a aussi été très, très utile pour comprendre la valeur des autres traditions religieuses. Si j'étais encore à Lhassa – au Potala, que les gens appellent parfois la Prison Dorée –, je pense que mon esprit n'aurait pas été tel qu'il est aujourd'hui. Bien sûr, aujourd'hui encore, tous les jours, j'apprends quelque chose de nouveau grâce à mes contacts personnels.

Et beaucoup de Tibétains – au moins cent cinquante mille – ont bénéficié comme moi de cette possibilité d'apprendre de nouvelles choses et de se faire de nouveaux amis. Cela a été également utile pour diffuser la culture tibétaine. Cet événement négatif a donc débouché sur beaucoup de choses positives. C'est pourquoi il faut regarder selon des angles différents. Il n'y a pas vraiment de quoi beaucoup s'attrister. Ah, il y a aussi de quoi faire dans ce domaine ! Voyez votre ennemi : si vous considérez une de ses actions en particulier, vous éprouvez de la frustration et de la colère. Mais si vous le considérez sous un autre angle, il n'est pas si mauvais. En comparaison, un autre est peut-être même pire. Dès lors, cet événement donné peut être plus acceptable. Considérez toujours un événement sous différents angles et dimensions. Une dimension, quatre, six dimensions. *C'est seulement là* que vous aurez une vision plus claire de la réalité. Mais pour mener ce genre d'analyse, l'important est d'avoir un esprit calme. Un esprit agité ne peut pas entreprendre correctement cette tâche. De ce point de vue également, la compassion est quelque chose d'important et de précieux. Pour moi, c'est là toute la force de la compassion. Je pense que l'indulgence est peut-être liée à l'acceptation de la réalité.

– 16 –

NON-VIOLENCE ET VALEURS SPIRITUELLES
DE L'INDE LAÏQUE

Parlons de la non-violence et des valeurs spirituelles de l'Inde laïque. Comme la jeune génération s'intéresse beaucoup à la technologie, la science et l'informatique, peut-être que cela vaut la peine d'évoquer pour elle cette tradition, qui existe, se développe et a été préservée en Inde depuis plus de deux millénaires.

La non-violence, qu'est-ce que c'est ? Nous ne pouvons pas faire de véritable démarcation entre violence et non-violence à partir du comportement apparent. Il faut chercher une motivation plus profonde. Par exemple, un bon enseignant ou parent, quand il a affaire à un enfant ou à un élève dissipé aura parfois une attitude un peu dure ou brutale, mais il n'agit qu'avec une sincère sollicitude et pour le bien de l'enfant. En revanche, quand la volonté de tricher ou d'exploiter autrui est déguisée sous des paroles aimables ou un sourire, cette action est artificielle, ce sourire n'est pas sincère. Vous recevez quelqu'un avec un sourire, vous le complimentez et vous lui faites un cadeau – tout cela est de la non-violence. Mais quand la motivation finale est de tricher, de nuire, de trahir ou d'exploiter, c'est une action violente. En définitive, la non-violence est conditionnée par la motivation.

Je dis généralement que la non-violence est un acte de compassion. Quand vous éprouvez une sollicitude sincère pour les autres – si difficile que ce soit –, vous devez les traiter comme des frères et des sœurs et prendre conscience qu'ils ont aussi le droit de vaincre la souffrance. Comprendre cela et éviter le recours à la force ou à la violence, c'est la véritable non-violence. En revanche, adopter une attitude impuissante – ne pas faire de mal à autrui – n'est pas de la non-violence. Ce n'est pas un choix. La véritable non-violence, c'est quand vous avez l'opportunité ou la capacité de recourir à la violence, mais que vous vous retenez délibérément par esprit de compassion. Cela, c'est la véritable non-violence.

Concernant la spiritualité et les valeurs spirituelles, en dépit des différences d'opinions philosophiques, toutes les principales religions véhiculent le même message d'amour, de compassion, d'indulgence, de tolérance, et aussi de contentement et d'autodiscipline. Ce sont les éléments d'une véritable motivation non violente. Dans la voie laïque, comme en Inde, cela comprend aussi les non-croyants. Sans religion, on peut être un individu très bien, très sensible. C'est pourquoi, partout où je vais, je parle toujours de l'importance de l'éthique laïque.

Ces deux choses – non-violence et harmonie religieuse – ne sont pas seulement anciennes, mais très pertinentes dans le monde contemporain. Regardez les chrétiens : tous croient à la même Trinité, pourtant les catholiques et les protestants se battent en Irlande du Nord. C'est très triste. Il y a aussi les courants sunnite et chiite, qui suivent les enseignements du même prophète, Mahomet, et qui utilisent le même Coran. Mais en raison de petites divergences çà et là, ils se battent et s'entretuent. C'est très triste.

Parfois, donc, la religion aussi devient un facteur de division, alors que toutes les religions parlent d'amour, de compassion et de fraternité. Les religions théistes en particulier prêchent que tous les êtres humains viennent de la même souche. Selon cette vision, ils sont vraiment frères et sœurs. Mais ces opinions sages et orthodoxes sont négligées, l'on donne trop d'importance aux petites divergences, ce qui conduit à des conflits.

Pendant des millénaires, on l'a vu, les Indiens ont entretenu la non-violence et l'harmonie religieuse dans leur pays. À présent, ils doivent le montrer au reste du monde – partout où il y a conflit ou division au nom de la religion. Non pour des raisons politiques ou économiques, mais simplement pour le bien des êtres humains. La laïcité met fortement l'accent sur l'éthique laïque, parce que, en réalité, une large proportion des sept milliards d'êtres humains n'est pas très croyante.

Mais ils doivent être de bons citoyens compatissants. Les individus compatissants font partie de l'humanité. C'est très important. Alors si nous disons : « Oh, la pratique de l'amour et de la compassion est quelque chose d'important parce que c'est Bouddha,

Jésus-Christ ou Mahomet qui l'a dit », les gens répondent : « Oh, je m'en moque. Ces choses-là ne m'intéressent pas. » Nous devons avoir des manières et des moyens de susciter la conviction chez ces gens. La pratique de la compassion, de l'amour et de la bonté, c'est pour votre bien-être.

Je pense qu'en Inde, fondamentalement, les gens ont l'esprit plus ouvert à la religion qu'ailleurs dans le monde. Mais leur pratique de la religion se fait le matin, devant la statue de Ganesha ou le lingam de Shiva, où ils ferment les yeux et récitent un *shloka* en sanscrit sans en connaître le sens, puis ils y déposent des fleurs ou de l'encens.

Alors, qu'est-ce qui manque ? Une sincère conviction. Il ne suffit pas d'avoir une conviction en tant qu'être humain. Afin d'accéder au bonheur personnel – bonheur dans la famille ou dans la communauté –, il est nécessaire d'être honnête et franc. C'est le facteur clé qui apporte la force intérieure. Quand vous vous conduisez avec franchise et honnêteté, vous pouvez agir en toute transparence. Cela amène la confiance. La confiance apporte l'unité et l'amitié. Après tout, nous sommes des animaux sociaux. La coopération est tout à fait essentielle, non seulement entre nations, mais aussi entre continents. Cette coopération vraiment essentielle se fonde sur l'amitié. Avec l'amitié vient la confiance. La confiance naît de la compassion. Ce ne sont pas seulement des questions religieuses, mais des choses qui sont très importantes dans votre vie quotidienne.

CONCLUSION

Par nature, tout être humain a un désir inné de connaître le bonheur et ne veut pas souffrir. Même les animaux, les insectes ont ce désir. Tout le monde a le droit de mener une vie heureuse, de surmonter les problèmes et de chercher le bonheur. Cela dit, le mot « bonheur » n'est pas simplement synonyme de satisfaction superficielle, mais d'une satisfaction plus profonde, au niveau mental. Il importe de faire la distinction entre la satisfaction qui provient des émotions sensorielles et une satisfaction plus profonde.

La satisfaction sensorielle peut être obtenue en regardant quelque chose d'agréable ou en écoutant de la musique. Ce type de satisfaction mentale dépend de facteurs extérieurs, mais qui ne sont pas de nature permanente.

Une fois qu'ils disparaissent, la satisfaction mentale diminue, et il n'en reste plus qu'un souvenir. L'autre niveau de satisfaction – la satisfaction profonde – ne s'atteint qu'en menant une vie pleine de sens et en aidant les autres. Tous ceux qui ont foi en Dieu et méditent peuvent atteindre une satisfaction intérieure qui ne soit pas dépendante de facteurs extérieurs. La satisfaction profonde que l'on obtient par la méditation est la plus durable. Quand la source de satisfaction sensorielle disparaît ou quand l'individu vieillit et que ses sens s'émoussent, cette satisfaction devient difficile à obtenir, surtout si l'on n'a jamais connu la satisfaction profonde.

Les valeurs humaines peuvent être promues auprès des croyants comme des non-croyants en utilisant trois expériences communes.

Grandir avec l'affection de sa mère dès le plus jeune âge aide généralement un individu à mener une vie stable. Le manque d'affection maternelle sème les graines de l'insécurité et conduit à une existence instable.

La communauté et la famille jouent aussi un rôle très important. Si la communauté ou la famille vivent dans la compassion, elles sont capables d'affronter n'importe quel problème.

Les familles riches et influentes – même si elles ont beaucoup d'argent et de pouvoir – peuvent être très déprimées. Il faut prendre conscience de l'importance de l'affection, car elle procure la sérénité d'esprit et aide à rester en bonne santé. Quiconque vit sans affection connaît l'insécurité et l'angoisse.

Jusqu'à la fin du siècle dernier, la science n'accordait pas beaucoup d'attention au monde intérieur ou au monde de l'esprit. Puis, avec les progrès dans le domaine de la médecine et de la neurologie, les scientifiques ont compris que le monde intérieur était un facteur important pour la santé.

Selon le point de vue bouddhiste, la clairvoyance, l'esprit et le désir de surmonter une épreuve ou une situation sont innés. Je pense de manière laïque. Le sens même de la vie, je crois, est le bonheur. Il n'y a pas de garantie dans la vie, mais nous survivons grâce à l'espoir. Si nous perdons espoir, notre espérance de vie est abrégée. Notre survie repose sur l'espoir d'un avenir agréable, pas le contraire. De ce point de vue, le bonheur est le seul objectif dans la vie.

Selon les différentes religions, notre destinée est fixée d'avance et nous n'avons pas le pouvoir de la changer. Mais selon la voie laïque, il n'y a pas de destinée. Les événements surviennent pour certaines raisons et dans certaines conditions : par exemple, un organisme en mauvaise santé va influer négativement sur une destinée. Si on soigne cet organisme, on agit sur la destinée. La destinée peut changer si on fait l'effort de provoquer ce changement.

Je vous remercie. Si vous vous intéressez à certains des points que j'ai abordés, étudiez-les et expérimentez-les par vous-même. Ensuite, si vous estimez que cela en vaut la peine, mettez-les en pratique dans votre quotidien. Et si d'aventure vous estimez que ces thèmes n'ont pas beaucoup de pertinence dans votre vie, oubliez-les !

TABLE DES MATIÈRES

Composition : Compo-Méca
64990 Mouguerre

Imprimé au Canada
sur les presses de Imprimerie Lebonfon Inc.
Dépôt légal : mars 2014
N° d'impression :
ISBN : 978-2-7499-2239-3
LAF 1866